**Impressum:**

**Originale Erstauflage**



Druck/ Auslieferung: Amazon.com oder eine Tochtergesellschaft

**Impressum:**

Cherry Media GmbH
Bräugasse 9
94469 Deggendorf
Deutschland

**Kontakt**: info@cherryfinance.de

# Die neue Geldmarie

**Geld anlegen für Frauen**

Ein Buch von Andrea Trimmbacher

## Inhaltsverzeichnis

**Hinweis**:

Auf **www.cherryfinance.de** finden Sie kostenfreie Bonusinhalte zum Thema Geldanlage und Vermögensaufbau sowie all unsere Bücher zum Probelesen.

# VORWORT

Dieses Werk, verfasst von der Autorin und Finanzexpertin Andrea Trimmbach, ist extra für Frauen verfasst und behandelt alle wichtigen Themen, die sich um den Aufbau von Vermögen drehen. Salopp formuliert, bringt es der Satz „wie Frauen Geld anlegen können, ohne sich dabei in der von Männern dominierten (Finanz-) Welt über den Tisch ziehen zu lassen“ gut auf den Punkt. Neben den verschiedensten Möglichkeiten, die es gibt, um Geld gewinnbringend zu investieren beziehungsweise anzulegen, ist zunächst wichtig, wie überhaupt Geld gespart werden kann. Natürlich geht Autorin Trimmbach im Detail darauf ein, wie Frauen selbst Geld verdienen und dabei die stetig voranschreitende Digitalisierung für sich nutzen können.

Wenn dann die finanziellen Mittel vorhanden sind, sei es durch geschicktes Sparen oder eine nebenberufliche Tätigkeit, dann muss eine passende Möglichkeit für eine langfristige, lohnenswerte Geldanlage gefunden werden. Geld Marie hilft Frauen dabei, gezielt Fachwissen über verschiedenste Formen der Geldanlage für den Vermögensaufbau zu generieren. Unter anderem wird die Geldanlage in Aktien sowie das Geschehen an der Börse unter die Lupe genommen, aber auch passive Formen wie Aktienfonds und Exchange Traded Funds (ETFs) werden umfangreich vorgestellt und erläutert. Aktuell wie nie sind die Kryptowährungen, wie beispielsweise den Bitcoin und die damit verbundenen Chancen. Außerdem beschäftigen sich zurzeit zahlreiche private Anleger mit dem Thema Trading, dass im Rahmen dieses Buches ebenfalls detailliert behandelt wird.

Für alle, die sich noch mehr und intensiver mit Finanzthemen beschäftigen möchten, bietet Cherry Media mehrere Werke zur Vertiefung:

**Aktienhandel für Anfänger**

Der ideale Leitfaden für Einsteiger, die alles rund um das Thema Aktienhandel erfahren möchten. Im Rahmen dieses Buches werden die Grundlagen erläutert und mehrere Strategien von erfolgreichen Investoren, wie Warren Buffett, vorgestellt. Das Werk setzt sich außerdem aus den Unterthemen Exchange Traded Funds (ETFs), Anleihen und Zertifikaten zusammen.

**Daytrading für Anfänger**

In „Daytrading für Anfänger“ wird alles zum Thema Forex Handel, inklusive Strategien behandelt. Der Leser wird bereits zum Zeitpunkt der Wahl des richtigen Brokers an die Hand genommen und durch die Welt des Tradings begleitet. Die nicht zu unterschätzenden Risiken des Daytradings werden ebenfalls behandelt.

**Exchange Traded Funds für Anfänger**

Dieses Buch eignet sich hervorragend für Anleger, die mehr über die passive Geldanlage in Exchange Traded Funds erfahren möchten. Neben den zahlreichen Vorteilen wird auch auf die Nachteile eingegangen.

## Tradingpsychologie für Anfänger

Ein Muss für jeden, der sich mit dem Thema Trading beschäftigt hat. In diesem Buch wird der hohe Stellenwert, den die Psyche beim Trading einnimmt, beschrieben und erklärt. Der Leser lernt, wie wichtig es ist, sich an seine Strategie zu halten und sich nicht von Gefühlen steuern zu lassen.

## Start Up in vier Stunden starten

Ein eigenes, innovatives Unternehmen in nur vier Stunden starten? Wie das funktioniert, wird eindrucksvoll in Buch „Start Up in vier Stunden starten“ erklärt. Wertvolle Praxistipps für Jungunternehmen begleiten den Leser durch das gesamte Werk.

Auf der letzten Seite dieses Buches befinden sich die Links zu den einzelnen, oben vorgestellten Büchern, die allesamt völlig kostenlos auf www.cherrymedia.de probegelesen werden können.

# Einleitung

Es gibt auf dem Markt unzählige Bücher, die sch um das Thema Geld sparen und Geld veranlagen drehen. Warum also ein weiteres Buch? Diese Frage ist ganz einfach beantwortet - die meisten Bücher richten sich an Männer und sind für Frauen in etwa so attraktiv zu lesen wie eine Bauanleitung für einen Montage-Kran. Dadurch wird in diesen Büchern auch vermehrt auf die Wünsche und Bedürfnisse und vor allem auf die Möglichkeiten der Männer eingegangen. Dieses Buch ist jedoch komplett auf Frauen zugeschnitten. Dabei macht es keinen Unterschied, ob Sie gerade in den Berufsalltag einsteigen, Hausfrau und Mutter sind, Alleinerzieherin oder alleinstehend kurz vor der Pensionierung. Dieses Buch ist für alle Frauen geschrieben, die ihre Finanzen endlich selbst und selbstständig in die Hand nehmen möchten. Einfach aus dem Grund, weil Finanzen auch Frauensachen sind.

Sie werden jetzt vielleicht sagen, sparen ist doch sparen, egal ob Mann oder Frau. Dies ist natürlich ebenfalls richtig. Nur muss man genau hier in die Tiefe gehen. Frauen haben nur selten die selben Ausgangspositionen wie Männer. Das bedeutet, die Löhne sind geringer, die Renten kleiner und häufig gehen Frauen neben Haushalt und Kindererziehung "nur" einer Halbtagsbeschäftigung nach. Genau diese Problematik haben wir uns zu Herzen genommen und möchten explizit darauf eingehen.

Zudem sollte dieses Buch nicht aus trockener Materie bestehen. Sämtliche Begriffe und Möglichkeiten wollen wir in einer verständlichen Form aufschlüsseln und dabei den realen Alltag der Frauen von heute mit einbeziehen. Wir gehen auf die unterschiedlichen Lebensmodelle der modernen Frau ein und zeigen dazu Ansätze und Lösungen auf.

Dieses Buch soll Sie begleiten. Von der ersten Idee bis hin zur Durchführung. Wir erklären die unterschiedlichsten Methoden, wie Geld nicht nur gespart, sondern auch vermehrt werden kann. Das klingt doch bereits sexy, oder? Natürlich dürfen Sie nie vergessen, dass bei manchen Anlageformen ein gewisses Risiko besteht. Aktien, Fonds, Kryptowährungen und Co - so vielversprechend sie auch wirken mögen, können fallen. Daher sollten Sie in diesem bereich immer den gesunden Menschenverstand walten lassen. Ein ebenfalls wichtiges Schlagwort ist hier die Eigenverantwortung. Niemand, weder wir noch der beste Broker der Welt kann einen garantierten Gewinn versprechen. Wer dies dennoch tut, sollte unter die Kategorie Scharlatan verbannt werden.

Doch keine Angst, mit unserem kleinen Ratgeber begeben Sie sich auf den richtigen Weg. Wir beginnen bei Null und schlüsseln den Weg zur finanziellen Unabhängigkeit von der Pieke an auf. Denn, um Geld anlegen zu können, muss erst Geld vorhanden sein. Einer der größten Fehler ist, mit nicht vorhandenen Beträgen zu spekulieren. Dies kann nur ins Auge gehen. Niemand, der halbwegs klar denkt würde sich einen Kredit aufnehmen, und damit im Kasino sein Glück versuchen, oder?

Genau darum geht es in dem Buch "Die Geld Marie - So können SIE Ihr Geld selbst veranlagen". Wir begleiten Sie bei den ersten Schritten, zeigen, wo Geld versteckt ist, und wie Sie im Anschluss das Beste daraus machen können. Wir verraten Ihnen nicht nur, wie und wo Sie Geld anlegen können, sondern auch den Weg dahin. In diesem Sinne ist es nun auch genug der Worte und wir wollen uns gleich hineinstürzen.

## Warum haben es Frauen schwerer, die Finanzen in die eigene Hand zu nehmen?

Schuld daran, dass Frauen selten die Finanzen selbst kontrollieren sind die alten Gesellschaftsbilder. Schon immer war es so, dass der Mann die Finanzen verwaltete und Frauen mit einem ihnen zugewiesenen Betrag, dem sogenannten Haushaltsgeld wirtschaften konnten. "Du musst dich nicht um die langweiligen Finanzierungen kümmern" und "Ich mach das schon" - diese Sätze dürften jeder Frau bekannt vorkommen, denn zu gerne spielen Männer die Profis, wenn es zu Finanzen kommt. Finanzielle Unabhängigkeit für Frauen ist auch im 21. Jahrhundert nicht selbstverständlich, einfach, weil wir den alten Mustern und Richtlinien folgen.

Hier liegt die große Gefahr, der Mann kümmert sich um alles, und die Frau ist ahnungslos. Jede Frau sollte sich bewusst werden, dass sie nur ein sorgenfreies und unbeschwertes Leben haben kann, wenn sie sich auch persönlich um die Finanzen kümmert. So schnell kann sich alles ändern und Frau steht vor dem Nichts. Darum ist es besser im Vorfeld einen guten Sparplan und Finanzplan anzulegen.

Natürlich ist es auch bequem, sich um nichts kümmern zu müssen. Und so lange Geld verfügbar ist, stellt dies auch kein Problem dar. Doch was ist wenn? Was geschieht, wenn der Ehemann Sie nach 30 Jahren Ehe verlässt? Was wenn Krankheiten zuschlagen und Pläne zerstören? Was wenn der Ernährer der Familie plötzlich ausfällt? Genau, dann wird es brenzlig. Und genau für diese Situationen, mögen sie nie eintreten, sollten wir alle vorbauen.

Auch wenn das Leben reibungslos verläuft, die Ehe auch 50 Jahre standhält, der Ehegatte bis zur Pension seinem gut bezahlten Job nachgehen kann und im Anschluss eine passable Rente erhält, schadet es nie, etwas extra Geld zur Seite geschafft zu haben. Damit können sich geheime Wünsche erfüllt werden. Mit genau diesem Geld können Sie Ihr Leben genießen - denn Sie haben es sich verdient.

Lassen Sie uns also mit den alten Mustern und Denkweisen Schluss machen. Finanzen gehen uns alle an und auch Frauen haben das Recht, über Ihr eigenes Geld zu entscheiden. Treten Sie aus dem Schatten heraus und werden Sie aktiv. Dies ist natürlich der erste Schritt. Sie müssen sich auch trauen. Haben Sie Selbstvertrauen. Lassen Sie sich auch nicht von Fachchinesisch einschüchtern. Bonds, Fonds, Baisse, Charts, Dividenden, Index, KGV und mehr wirken gar nicht mehr so Furcht einflößend, wenn Sie erst die richtige Bedeutung kennen. Zu diesem Thema kommen wir jedoch in einem späteren Kapitel, in welchem wir ein kleines, verständliches Wörterbuch angelegt haben. Damit werden Sie in Zukunft den Börsen- und Finanzmarkt genauso einfach und schnell lesen, wie ein Kochbuch in einem Wellness-Magazin.

Schämen Sie sich nicht, wenn Sie nicht auf Anhieb alles verstehen. Auch die größten Börsen-Mogule mussten diesen Job erst lernen. Zudem geben wir Ihnen viele Tipps und verraten viele Tricks, wie Sie auch aus wenig etwas machen können. Garantiert werden Sie sich im Nu großartig fühlen, denn es ist absolut angenehm, Eigenverantwortung zu übernehmen. Freuen Sie sich auf den Kick, den Sie spüren, wenn Sie den Wachstum auf Ihrem Konto oder Depot betrachten können und genießen Sie die finanzielle Freiheit. Alleine das Gefühl, eine chice Tasche ohne schlechtem Gewissen kaufen zu können, oder den lang ersehnten Urlaub zu buchen, ohne dafür das ganze Jahr hindurch jeden Cent umdrehen zu müssen gibt enormen Auftrieb.

## Geld anlegen schön und gut, doch woher nehmen?

Wenn am Ende des Geldes stets noch sehr viel vom Monat übrig bleibt, so ist es in der Tat schwer, etwas Geld zur Seite zu legen, oder gar anzulegen oder zu investieren. In diesem Kapitel geht es darum, wie Sie besser mit Ihrem Geld haushalten können. Wir verraten Ihnen, wo Geld versteckt ist. Mit Hilfe unserer Tipps und Tricks können Sie ohne großen Aufwand Geld einsparen. Das A und O ist hier jedoch, dass Sie immer den Überblick behalten müssen. Daher ist es wichtig, dass Sie dieses Kapitel und die enthaltenen Ratschläge wirklich verinnerlichen und konsequent durchführen. Dies legt auch ein gutes Fundament für später, wenn wir uns auf das Parkett der Aktien begeben. Denn auch hier ist nichts so gefährlich, wie den Überblick zu verlieren.

Der beste Weg um die Finanzen lückenlos zu kontrollieren ist ein Haushaltsbuch. Nun werden Sie vielleicht lachen und dies als verstaubt und veraltert abkanzeln. Doch nein, genau das Gegenteil ist der Fall. Noch nie war ein Haushaltsbuch so wichtig wie in der heutigen Zeit.

## Das Haushaltsbuch

In einem Haushaltsbuch werden wirklich sämtliche Einnahmen und Ausgaben gegenüber gestellt. Gerade in der heutigen Zeit mit den Zahlungen via Kreditkarte und Bankkarte kann schnell der Überblick verloren gehen. Garantiert haben Sie sich schon oft gefragt, wohin denn schon wieder das ganze Geld verschwunden ist. Ein Haushaltsbuch bringt Licht in dieses Mysterium. Wichtig ist hierbei, dass Sie es nicht nur konsequent, sondern auch schonungslos ehrlich führen. Das bedeutet, auch die Kugel Eis am Nachmittag, der Parkschein und die Flasche Wasser nach dem Sport muss darin vermerkt werden.

So finden Sie schnell heraus, wo sich die schwarzen Löcher befinden, die gierig das hart verdiente Geld auffressen. Die Vorteile eines vielleicht vorher noch belächelten Haushaltsbuchs liegen somit klar auf der Hand. Sie erhalten einen Überblick über Ihre Finanzen. Somit können Sie mit Ihrem Geld auch besser wirtschaften.

Wenn Sie sich vor Augen führen, wofür Sie täglich sinnlose Euros ausgeben, kann dies auch Ihr Kaufverhalten rasch ändern. In vielen Fällen ist alleine ein Haushaltsbuch bereits ein großer Motivator zum Sparen. Dadurch, dass Sie das Haushaltsbuch konsequent führen, erhalten Sie schon ein Gefühl dafür, wie es sich anfühlt, die Finanzen in die eigene Hand zu nehmen. Sie haben die absolute Kontrolle, und das ist auch gut so.

Im Haushaltsbuch werden nicht nur die täglichen Ausgaben, sondern auch die Fixkosten vermerkt. Dadurch sehen Sie auch schwarz auf weiß, wieviel Geld Sie für diverse Versicherungen und Co ausgeben. Das können Sie zum Anlass nehmen, und die unterschiedlichen Versicherungen vergleichen. Nichts ist einfacher, als eine Versicherung oder auch ein Konto zu wechseln. Aber dazu kommen wir später.

Natürlich müssen Sie etwas Disziplin aufbringen. Ein Haushaltsbuch macht nur Sinn, wenn es auch lückenlos geführt wird. Doch, da Sie den Plan haben, Ihre Finanzen selbst in die Hand zu nehmen, wird dies das kleinste Problem sein.

Unterschiedliche Varianten um ein Haushaltsbuch zu führen

Sie können das Haushaltsbuch ganz klassisch handschriftlich führen. Das kostet nicht viel. Sie benötigen lediglich ein Heft, ein Buch und einen Stift. Häufig gibt es kleine Notizbücher kostenlos von Vertretern, Banken oder Versicherungen. Nun erhalten diese bisher nutzlosen Gegenstände auch einen Sinn. Die handschriftliche Variante hat auch den Vorteil, dass Sie einen besseren Bezug zu den Zahlen und zur Materie generell erhalten.

Eine weitere Möglichkeit ist, für das Haushaltsbuch den Computer zu verwenden. Hier können Sie eine simple Word-Datei verwenden. Es entstehen somit ebenfalls keine zusätzlichen Kosten. bedenken Sie jedoch, dass Sie zum Beispiel auf Reisen den Computer eventuell nicht zur Hand haben. Hier müssten Sie während der Abwesenheit auf die klassische Methode zurückgreifen und die Daten nach der Rückkehr nachtragen.

Es gibt in der Zwischenzeit auch tolle Internet-Tools für Haushaltsbücher. Diese sind zum teil kostenlos. Manche jedoch sind kostenpflichtig. Für den Anfang sollten Sie nach einem kostenlosen Tool suchen. Dazu können Sie einfach das Internet für die Recherchen nutzen. Dadurch ist das

Haushaltsbuch stets zur Hand und Sie können Einträge sogar vom Smartphone aus tätigen. Ein Vorteil dieser Online-Tools ist, diese bieten am Ende des Monats auch eine tolle Auswertung. Über Diagramme und Statistiken werden die einzelnen Positionen angezeigt.

Was gehört in ein Haushaltsbuch?

Auch diese Frage lässt sich kurz und knapp beantworten: Alles. Von der Miete über die Betriebskosten, die Kontoführungsgebühren, Versicherungen, Spritgeld fürs Auto und sämtliche Ausgaben werden aufgelistet. Auch die Einnahmen werden den Ausgaben entgegengestellt. Sie sollten hier nicht nur Ihr Gehalt, sondern auch sämtliche übrigen Gewinne aufführen. Dazu gehört das Geschenk der Mutter, die Erbschaft, ein eventueller Fund oder der Gewinn in der Lotterie.

Welche Vorteile hat nun das Haushaltsbuch?

Neben dem bereits erwählten Überblick, der den ersten Schritt in die finanzielle Unabhängigkeit bedeutet, können Sie hier auch toll Preise vergleichen. Im Alltag bemerkt man oft nicht, ob es sich bei den gekauften Produkten tatsächlich um Schnäppchen handelt. Durch den Vergleich aber haben Sie die Preise gut vor Augen. So können Sie auch besser entscheiden, ob Sie Brot, Milch und Co noch länger in diesem Geschäft kaufen möchten, oder lieber zu einem billigeren Anbieter wechseln.

Auch wenn es anfangs etwas Aufwand bedeutet, es lohnt sich auf jeden Fall, ein Haushaltsbuch zu führen. Sehen Sie das Haushaltsbuch am besten als Schlüssel für Ihren persönlichen finanziellen Erfolg an. Dies sollte doch genug Motivation sein.

# WO KANN ICH GELD SPAREN - VERSICHERUNGEN, BANKEN UND CO

Vielleicht haben Sie Ihr Konto schon ewig, einfach weil sich die Bankfiliale gleich ums Eck befindet und bereits die Eltern und Großeltern ein Konto bei diesem Geldinstitut hatten. Dagegen ist nichts einzuwenden, vorausgesetzt, die Bank und das Konto zählen nicht zu den schwarzen Löchern, den mysteriösen Geldfressern.

Auch wenn es Ihnen unangenehm sein könnte, Sie müssen Ihrer Hausbank nicht treu bleiben. Sehen Sie ganz genau hin und überprüfen Sie, wieviel diese Bank Sie im Monat kostet. Dabei achten Sie bitte genau auf Kontoführungsgebühren, Gebühren für Überweisungen, Ausdrucke und Geldbehebungen im Ausland. Zusätzlich gilt es auch ein Augenmerk auf die Karten zu legen. Stellt Ihnen die Bank eine kostenlose EC-Karte oder eine gratis Debit-Karte zur Verfügung? Wenn nicht, dann sehen Sie sich nach einer anderen Bank um. Es gibt in der Zwischenzeit viele Banken, auch Online-Banken, die weder Gebühren für die Kontoführung, noch für Karten verlangen. Vergleichen Sie sämtliche Banken. Nehmen Sie sich einfach die Zeit. Wichtig ist, dass Sie jede einzelne Position gegenüber stellen und so die Gesamtkosten unterm Strich sehen. Auch hier ist das Internet sehr behilflich. Hier können Sie nach einer Fülle an unterschiedlichen Banken googeln. Zudem sollten Sie einen Blick auf Ihr Sparbuch werfen. Erhalten Sie Zinsen? Wie sieht es mit Negativzinsen aus? Auch hier können Sie im Fall des Falles zu einer anderen Bank wechseln. Es wäre doch unerhört, wenn das eigene Geld, das Sie zum Vermehren auf die Bank getragen haben, ohne eigenes Verschulden immer weniger wird. Ab gewissen Beträgen können Sie auch mit den einzelnen Banken verhandeln und um einen besseren Zinssatz bitten.

Dasselbe gilt auch für Versicherungen. Suchen Sie sämtliche Unterlagen heraus und eruieren Sie, wofür Sie eigentlich versichert sind. Häufig sind manche Positionen doppelt abgedeckt, während eine Versicherung für Vandalismus fehlt. Nutzen Sie hier nun einen Online Rechner für Versicherungen. So finden Sie im Nu eine günstigere Versicherung, die mehr bietet. Wichtig ist hier, dass Sie einen Versicherungs-Rechner verwenden, der kostenlos ist.

So gehen Sie nun sämtliche Fixkosten durch. Diese können Sie bequem in Ihrem Haushaltsbuch ablesen. Sie können den Stromanbieter, den Gasanbieter, aber auch den Telefonanbieter wechseln, wenn eine andere Firma ein lukratives Angebot für Sie hat. Vor allem lohnt es sich bei Mobilfunkverträgen und auch bei Internet-Anbietern. Auch Ihr TV-Anbieter oder Ihr Online-Streamer kann jederzeit gewechselt werden.

Garantiert werden Sie beim Blick ins Haushaltsbuch tief schlucken, wenn Sie die Liste der Fixkosten sehen. Lassen Sie sich Zeit und packen Sie jeden Anbieter nach dem anderen an. Sie haben nun auch die Chance, sich von nutzlosen Verträgen zu trennen. Das zusätzliche Sport-Abo im Pay-TV wird vielleicht nicht mehr verwendet oder die Versicherung für das längst verstorbene Haustier nicht mehr benötigt. Kündigen Sie alle nutzlosen Verträge, dies sind nur Lasten, die Ihnen Ihr Geld aus der Tasche ziehen. Anstatt eines Abos könnten Sie diesen Betrag auch für eine private Rentenversicherung verwenden. Im Hinblick auf die immer kleiner werdenden Renten, und wer weiß, wie lange es dieses Modell überhaupt noch geben wird, ist eine private Rentenversicherung stets eine gute Möglichkeit, um sich vor Altersarmut zu schützen. Auf dieses Thema werden wir jedoch in einem späteren Kapitel noch ausführlich eingehen.

## Sparen im Haushalt

Vielleicht fragen Sie sich, was das Sparen im Haushalt mit Ihrer finanziellen Unabhängigkeit zu tun hat. Es liegt klar auf der Hand. Wenn Sie kein Geld zur Verfügung haben, das angelegt werden kann, können Sie Ihr Vermögen auch nicht vermehren. Daher ist es wichtig, von Grund auf zu beginnen. Mit dem Führen eines Haushaltsbuchs entlarven Sie die schwarzen Löcher. Dadurch steht Ihnen monatlich ein Mehrbetrag zur Verfügung, den Sie für Investitionen verwenden können. Genauso funktioniert dies mit den täglichen Ausgaben. Nur wenn Sie bei gleichem Einkommen am Monatsende mehr Geld besitzen, können Sie dieses auch investieren. Vergessen Sie nie die wichtigste Grundregel: Niemals, wirklich niemals mit Geld spekulieren, das Sie nicht besitzen, oder dringend zum Leben benötigen.

Das Sparen im Haushalt beginnt bei belanglosen Dingen. Sparen Sie Benzin oder Diesel, indem Sie anstatt mit dem Auto die wenigen Schritte zu Fuß in den Supermarkt gehen. Ziehen Sie dies konsequent einen Monat lang durch und Sie werden überrascht sein. Ihre geringeren Tankgebühren im Haushaltsbuch werden Sie garantiert verblüffen. Auch können Sie anstatt mit dem Taxi mit öffentlichen Verkehrsmitteln fahren. Dies ist am Anfang vielleicht weniger gemütlich, doch was tut man nicht für dic persönliche, finanzielle Unabhängigkeit.

Verwenden Sie zum Einkaufen Jutebeutel, anstatt sich stets eine Plastiktüte im Supermarkt zu kaufen. Sicher, die wenigen Cent werden Sie jetzt nicht auf Anhieb reicher machen, doch auch dies läppert sich mit der Zeit zusammen. Zusätzlich hinterlassen Sie einen positiven ökologischen Fußabdruck.

Vergleichen Sie die Preise. Studieren Sie Werbungen und Angebote und nutzen Sie Coupons und Ermäßigungen. Seien Se nicht zu stolz dazu. Auf Preise zu achten hat nichts mit betteln zu tun. Recherchieren Sie im Internet, welche Marken unter anderen Produktnamen oder als sogenannte No-name Produkte, meist bei Discountern, auf den Markt kommen. So erhalten Sie das gleiche, hochwertige Produkt zu einem günstigeren Preis. Dies alles macht sich am Ende in Ihrem Haushaltsbuch als dickes fettes Plus bemerkbar. Vielleicht an genau dieser Stellen, an welcher ein Monat zuvor noch ein grausam Minus stand.

Achten Sie auch auf einen pfleglichen Umgang mit den Ressourcen. Verwenden Sie Energiesparlampen, schalten Sie das Licht aus, wenn Sie es nicht benötigen, und regulieren Sie die Heizung. Lassen Sie keine Geräte im Stand-by Modus laufen. Dies zählt zu den grüßten Stromfressern. Zusätzlich halten Elektrogeräte länger, wenn Sie zwischendurch ausgeschaltet werden und nicht im Dauerbetrieb laufen. Legen Sie beim Neukauf von Elektrogeräten Wert auf stromsparende Modelle. Vielleicht wird es auch Zeit, sich vom alten Röhrenfernseher und der nicht mehr ganz dichten Gefriertruhe zu verabschieden. Sie werden überrascht sein, wenn Sie den Unterschied im monatlichen Stromverbrauch bemerken.

Ebenfalls wichtige Themen zum Sparen im Haushalt sind das richtige Lüften, das Abtauen und Enteisen der Gefrierfächer, das Entlüften der Heizkörper und der verantwortungsvolle Wasserverbrauch. Dies sind alles keine Neuheiten für Sie, auf dem Weg zur finanziellen Unabhängigkeit sollten Sie jedoch jeden einzelnen Schritt bewusst tätigen. Am Ende ist es Ihr Geld, das im Nichts verschwindet, oder bleibt.

## Sparen im Haushalt - Urlaub, Geschenke und Kinder

Der jährliche Urlaub schlägt immer ein Loch ins Budget. Doch auch hier kann ordentlich gespart werden. Sie können Flüge im Internet recherchieren und später mit den Angeboten im Reisebüro vergleichen. Nutzen Sie Frühbucherreisen oder Last Minute Angebote. Greifen Sie gerade mit Kindern zu Hotels mit All-inclusive Angeboten. So können Sie die Nebenkosten während der schönsten Tage des Jahres drastisch minimieren. Jeder weiß, wie teuer unterm Strich die zig Getränke, Eiscremes und Snacks sind, welche die lieben Kleinen den ganzen Tag lang gierig verschlingen.

Ein weiterer wichtiger Tipp ist das antizyklische Einkaufen. Besonders vor großen Anlässen wie Weihnachten, Muttertag und Ostern steigen die Preise, stets unter dem Deckmantel "Sonderaktionen". Antizyklisches Einkaufen bedeutet, Sachen auf Vorrat abseits der Saison zu besorgen. Wenn Sie Weihnachtsgeschenke im Sommer kaufen, können Sie mitunter viel Geld sparen. Gerade Elektronik ist vor den Weihnachtsfeiertagen erwiesenermaßen teurer. Auch

Winterbekleidung, vor allem Winterschuhe können Sie nach der Wintersaison billiger erstehen. Lassen Sie sich hier nicht von Gefühlen oder Blicken der Mitmenschen verunsichern. Denken Sie nur an Ihr eigenes Konto und das viele Geld, das Sie dadurch sparen können. Auch hier können Sie im Internet explizit recherchieren, welche Produktgruppen zu welcher Zeit besonders günstig sind. Für Goldschmuck gilt zum Beispiel: teuer von Oktober bis Dezember und günstiger ab Neujahr. Kaufen Sie die neuen Winterreifen im April und schlagen Sie bei Gartengeräten und Bademode zum Beispiel ab September zu.

Auch bei Dingen des täglichen Gebrauch für Kinder können Sie eine Menge sparen. Spielsachen, Kleidung und mehr erhalten Sie günstig auf Tauschbörsen oder in Second-hand Läden. Auch hier sollten Sie das Gefühl von Scham abschütteln. Es bedeutet nicht, dass Sie bedürftig sind, nur weil Sie in diesen Geschäften einkaufen. Diese Dinge sind nicht schlechter, nur weil sie gebraucht sind. Zudem tun Sie auch hier der Umwelt etwas Gutes. Je mehr Produkte und Dinge wieder verwendet werden, um so geringer ist die Umweltbelastung für neue Produktionen oder Entsorgung.

Auch können Sie viele Dinge günstig Online kaufen. Hier zahlt es sich aus, auf Angebote zu warten, und zum Beispiel vom Erlass der Versandkosten zu profitieren. Rechnen Sie sich genau aus, wieviel zum Beispiel das Hundefutter im Tierhandel kostet, und wie viel Geld Sie für das Fahren benötigen. Oft kann es wirklich billiger sein, Dinge im Internet zu bestellen, und liefern zu lassen.

## Sparen im Haushalt - Fazit

Im Haushalt gibt es eine Menge Punkte, an welchen sich sparen lässt. Lassen Sie sich auf diesen neuen Weg ein. Natürlich geht dies nicht von heute auf morgen und manche Umstellung wird Sie einiges an Überwindung kosten. Um so größer jedoch ist die Freude am Ende des Monats, wenn Sie ein dickes Plus auf Ihrem Konto vorfinden.

Auf dem Weh zur neuen, finanziellen Freiheit ist es wichtig, die Einnahmen und Ausgaben ständig im Überblick zu behalten. Egal für welche Art des Haushaltsbuchs Sie sich entscheiden, wichtig ist nur, dass Sie eines führen. Dies ist ein wichtiger Grundstein dafür, dass Sie auch in Zukunft Ihre Finanzen stets unter Kontrolle haben. Machen Sie es sich zur Angewohnheit. Sehen Sie es nicht als Last, sondern als Befreiung. Es kann durchaus befreiend sein, auch wenn anfangs die Zahlen rot sind. Es ist besser, der Wahrheit ins Auge zu blicken, und etwas dagegen zu unternehmen. Nur so können Sie sich aus der finanziellen Unabhängigkeit und eventuellen Schulden befreien. Wichtig ist stets, dass Sie es tun. Nur wer seine Sache selbst in die Hand nimmt, erreicht die Unabhängigkeit.

Befreien Sie sich von kostspieligen Abos, von Versicherungen und Konten, die Sie nur belasten. Vergleichen Sie und schlagen Sie daraus Profit. Vergleichen Sie Preise, machen Sie es sich zur Angewohnheit, auch Energie zu sparen und freuen Sie sich über jeden Euro, den Sie am Monatsende mehr auf dem Konto haben. Erst wenn Sie Geld übrig haben, können Sie auch damit beginnen, Geld zu investieren und zu veranlagen.

# WIEVIEL GELD SOLLTE FRAU ANLEGEN?

Auch hier ist ein weiteres Mal die wichtigste Grundregel fällig: Es darf nur das Geld angelegt werden, das frei verfügbar ist. Sie sollten dieses Geld weder von der Bank noch von der Familie borgen müssen. Es kann gar nicht oft genug erwähnt werden, auch Geld das eigentlich zum Leben dringend benötigt wird, darf niemals in Aktien oder andere Anlageformen gesteckt werden. Nüchtern betrachtet sollte eigentlich nur Geld investiert werden, welches Sie, wenn es weg ist, nicht ins Existenzminimum treibt.

Für einen genauen Betrag gibt es natürlich keine Richtlinie. Legen Sie immer den Betrag an, den Sie komfortabel entbehren können. Eine Investition darf Sie nie in einer bestimmten Situation in eine missliche Lage oder einen finanziellen Engpass bringen.

Die wichtigsten Punkte für eine schlaue Anlage sind:

Verwenden Sie nur Kapital, über welches Sie frei verfügen können. Sie sollten dafür auch nicht das Konto überziehen. Auch nicht, wenn die Rendite das Konto schnell abdecken würde. Gerade bei Aktien muss immer im Konjunktiv gesprochen werden. Die Aktien könnten den Gewinn abwerfen, der Schuss kann jedoch genauso nach hinten losgehen. Oft können Sie eine Aktie nicht kurzfristig mit Gewinn verkaufen. Nicht selten muss die Aktie länger gehalten werden. Wenn nun jedoch das Konto abgedeckt werden soll, haben Sie ein Problem. Sie müssen die Aktien unter ihrem Wert verkaufen und haben somit ein Verlustgeschäft gemacht.

Dasselbe gilt natürlich auch für Kredite. Und auch von Bekannten, Freunden und der Familie sollten Sie sich niemals Geld für Investitionen borgen. Auch ist es ein ungeschriebenes Gesetz, immer nur für sich selbst anzulegen. Das bedeutet, auch wenn Sie bislang gute Erfahrungen gemacht haben, übernehmen Sie niemals die Verantwortung für fremdes Geld.

Wenn Sie monatlich unterschiedliche Beträge investieren möchten, sollten Sie auch unbedingt die separaten Ausgaben einplanen. Wann kommt die Stromnachzahlung, wann muss das Auto zum Service oder wann müssen andere Ausgaben berücksichtigt werden. Auch sollten Sie immer einen Notgroschen beiseite legen. Diese sollte unerwartete Anschaffungen, wie eine Waschmaschine oder einen Kühlschrank, abdecken. Auch wenn Sie sich für eine erstmalige Investition ein Kapital errechnet haben, ziehen Sie zur eigenen Sicherheit diesen Betrag als Notgroschen ab.

Weitere wichtige Punkte die es zu beachten gilt, betreffen die aktuelle Lebenssituation und den Blick in die Zukunft. Ist Ihr Job sicher, können Sie mit einer Lohnerhöhung rechnen, oder müssen Sie eine Lohnkürzung befürchten? Läuft das Leasing des Autos ab und Sie wollen den Restwert bar bezahlen? Haben Sie vor noch länger in derselben Wohnung zu bleiben? Bedenken Sie immer, ein Umzug kostet eine Menge Geld. Falls ein Wohnungswechsel bevorsteht, sollte auch dafür ein gewisser Betrag vom kapital für das Investment abgezogen werden.

Eine Faustregel für Beginner lautet jedoch, es sollten maximal 20 Prozent des Kapitals auch tatsächlich investiert werden. Mit den erzielten Gewinnen steigert sich auch das Kapital und auch die einzusetzenden 20 Prozent werden mehr. So können

Sie mit möglichst geringem Risiko beginnen. Bevor Sie jedoch an Investitionen denken, sollten Sie herausfinden, welche Anlageform für Sie persönlich am besten geeignet ist.

## Welche Anlageformen gibt es?

Gemeinsam wollen wir uns in diesem Kapitel durch den dichten Dschungel der unterschiedlichen Anlageformen kämpfen. Hier haben Sie unzählige Möglichkeiten. Wir bewegen uns weg vom Sparbuch und den Anleihen mit Tagesgeld und Festgeld. Wir erklären Ihnen, wie Sie mit unterschiedlichsten Beträgen Ihr Geld in Immobilien, Aktien, Fonds und mehr anlegen können. Wir gehen in diesem Kapitel darauf ein, ab welchem Kapital die Investition Sinn macht. Ein weiterer Punkt ist, wie Sie durch Zinsen, Dividenden, Verkaufserlöse und Kursgewinne Ihr Geld vermehren können. Denn genau hier liegt der Sinn der Sache. Das Geld soll nicht nur für spätere Zeiten auf die sogenannte hohe Kante gelegt werden, diese Anlage soll im besten Fall natürlich auch Gewinn abwerfen.

### Das Sparbuch

Das Sparbuch war einst die populärste Anlageform. Jeder hatte mindestens ein Sparbuch mit weniger oder höheren Einlagen. Alternative Anlageformen galten als dubios, unsicher und kaum jemand traute sich richtig ran. Man muss dazu sagen, dass die Sparbücher in der Vergangenheit auch bessere Zinssätze boten. Heutzutage sind Sparbücher wenig lukrativ, da die Zinsen kaum erwähnenswert sind. Es gibt natürlich immer noch die Möglichkeit ein gesperrtes Sparbuch oder

Sparkonto anzulegen. Das bedeutet, der gesparte Betrag wird für meist 5 Jahre gesperrt. Während dieser Zeit ist mit einem etwa 2-prozentigen Zinsertrag zu rechnen. Dies ist von Bank zu Bank verschieden und je nach Höhe der Spareinlage auch verhandelbar. Ein Nachteil ist jedoch, sollten Sie das Geld vor Ablauf der Sperrfrist benötigen und das Sparbuch oder Sparkonto auflösen müssen, fallen die Zinsen automatisch weg und auch mit hohen Verwaltungskosten kann bei einer vorzeitigen Kündigung gerechnet werden. In der Regel erhalten Sie bei einer früheren Kündigung nicht die gesamte Geldeinlage zurück.

Ein Sparbuch lohnt sich nur in Fällen, in welchen Sie garantiert die Sperrfrist abwarten können. Am ehesten dient diese Sparform als Ansparung für Kinder oder Enkelkinder, die nach Ablauf der Sperrfrist über den gesparten Betrag verfügen dürfen.

### Das Tagesgeldkonto

Eine weitere Alternative ist das Tagesgeldkonto. Hierbei handelt es sich um ein Konto ohne festgelegter Laufzeit und Sperre. Die aktuellen Zinsen für Tagesgeldkonten belaufen sich auf etwa 1%. Doch auch hier sollten Sie im Vorfeld die einzelnen Anbieter vergleichen. Unterschiedliche Anbieter bieten unterschiedlich hohe Zinssätze an.

Der Vorteil dieser Konten ist, dass Sie jederzeit an Ihr Geld gelangen können, ohne dafür mit Einbußen rechnen zu müssen. Das Konto wird wie ein reguläres Konto eingerichtet. Es unterscheidet sich zu einem Gehaltskonto jedoch dadurch, dass keinerlei Überweisungen getätigt werden können. Diese

Konten besitzen keine Verrechnungsfunktionen. Dadurch sind jedoch auch die Verwaltungskosten sehr gering und je nach Einlage kann die Verzinsung durchaus lukrativ sein. Wichtig ist, dass Sie beim Vergleich der einzelnen Anbieter für Tagesgeldkonten genau diese Verwaltungsgebühren unter die Lupe nehmen und auch vor Eröffnung explizit nachfragen.

Generell gelten Tagesgeldkonten als sichere Anlageform. Banken sind durch die Solvabilitätsverordnung dazu verpflichtet, Geld zur Absicherung der Einlagen der Kunden bereit zu stellen. Das bedeutet, auch wenn die Bank selbst insolvent wird, ist Ihre Einlage abgesichert. Dies meist bis zu 90% der Einlagesumme oder einem Betrag von 20.000 Euro. Auch dieser Punkt ist vor einer Eröffnung eines Tagesgeldkontos abzuklären. Fragen Sie auch nach, wie oft die Zinsen gut geschrieben werden. Manche Banken schreiben die Zinsen monatlich, andere Institute nur einmal pro Jahr auf dem Tagesgeldkonto gut. Auch sollten Sie sich über das Geldinstitut informieren.

Für mittelfristige Anlagen ist diese Sparform sicher nicht von der Hand zu weisen. Der große Vorteil ist, dass Sie mit Tagesgeldkonten flexibel bleiben, und jederzeit über Ihr Geld verfügen können. Das Tagesgeldkonto eignet sich hervorragend, um Kapital für größere Investitionen anzusparen. Es ist auf jeden Fall besser, als das Geld zu Hause unter dem Kopfpolster zu horten, oder auf einem Sparbuch zu parken.

## Termingeld oder Festgeldkonto

Wie der Name verrät, wird hier das Geld für einen bestimmten Zeitraum fest angelegt. Das bedeutet, der Betrag ist für diese Periode gesperrt und kann auch nicht entnommen werden. Die Sperrfristen variieren bei dieser Anlageform von einem Monat bis zu zwei Jahren. Je kürzer die Sperrfrist, desto niedriger auch der Zinssatz. Die Zinsen werden bei einem Festgeldkonto nicht angepasst. Das kann sich positiv, aber auch negativ auswirken, je nachdem wie sich die Zinssätze entwickeln. Im Vorfeld sollten Sie einen akzeptablen Zinssatz aushandeln und natürlich die verschiedensten Anbieter vergleichen.

Festgeldkonten gelten als sehr konservative und sichere Anlageform. Viele Banken sind hier bis zu einem Betrag von 100.000 Euro abgesichert. Das bedeutet, auch bei Insolvenz der Bank erhalten Sie Ihre Einlage bis zu dieser Höhe garantiert zurück. Hier wird das Geld nach einer Frist von 30 Tagen erstattet. Prüfen Sie jedoch im Vorfeld das Bankinstitut. Im Internet finden Sie auch zahlreiche kostenlose Festgeldrechner. Hier sind unterschiedliche Banken aufgelistet und Sie können bequem die verschiedenen Zinssätze und Erträge gemäß Ihrer geplanten Einlage vergleichen.

## Geldanlage in Immobilien

Garantiert haben Sie schon häufig von sogenannten Renditobjekten gehört. Hierbei handelt es sich um Immobilien, in welche Sie investieren sollten und im besten Fall Erträge erzielen können. Im Vorfeld sollte erwähnt werden, dass es sich hier um eine langfristige Anlageform handelt. Diese Anlageform eignet sich nicht für kurzfristige Anlagen.

Sie investieren hier langfristig in ein Haus, welches weitervermietet wird. Durch die Einnahmen wird so das eigene Kapital vermehrt. Diese Anlageform wird auch unter den Namen Zinshäuser oder Anlageimmobilien angeboten. Bei einem Investment in Immobilien profitieren Sie von einer relativ inflationssicheren Geldanlage. Dies lässt sich dadurch erklären, dass Immobilien im Wert meist mit der Inflation steigen.

Bei einer Geldanlage in Immobilien haben Sie die Möglichkeit in einzelne Wohnungen, Geschäftshäuser oder Mehrfamilienhäuser zu investieren. Die Wahl richtet sich natürlich nach Ihrem vorhandenen Eigenkapital. Die Faustregel besagt, dass einzelne Wohnungen kleiner Renditen erbringen, als Geschäftshäuser oder Wohnhäuser.

Bei Immobilieninvestitionen werden häufig auch sogenannte Finanzierungen mit Fremdkapital angeboten. Das bedeutet, Sie können auch investieren, wenn die Immobilie Ihr eigenes Kapital übersteigt. Sie nehmen in diesem Fall quasi ein Darlehen auf, um das Mietobjekt zu erstehen. Im besten Fall sind die Erträge höher als die monatlichen Belastungen.

Wichtig ist hier, dass Sie nicht nur die verschiedensten Anbieter vergleichen, sondern auch die Immobilien selbst. Es ist wenig ratsam in ein zwar günstiges Objekt zu investieren, das sich abseits einer guten Infrastruktur befindet. In diesem Fall sinken die Chancen, dass das Haus oder die Wohnung vermietet wird. Somit schwinden auch Ihre Einnahmen. Beliebt und lukrativ sind Häuser in populären Großstädten. Hier können Sie jedoch auch gut recherchieren und auf trendige Städte spekulieren, die im Kommen sind.

Auf keinen Fall sollten Sie jedoch blind und ungesehen in eine Immobilie investieren. Lassen Sie sich die einzelnen Immobilien anbieten und vereinbaren Sie einen Besichtigungstermin. Bereits der erste Eindruck gibt Aufschluss darüber, in welchem Zustand sich das Objekt befindet. Hier sollten Sie stets beachten, dass Instandhaltungskosten und Sanierungen zu Ihren Lasten fallen. Auch anhand des Alters der Immobilie können Sie grob die Bausubstanz einschätzen. Wenn Sie selbst jedoch kein Profi auf diesem Gebiet sind, ist es unerlässlich, einen Sachverständigen für Immobilien zu Rate zu ziehen.

Holen Sie sich im Vorfeld Informationen über bereits getätigte Sanierungen und Modernisierungsmaßnahmen ein. Falls das von Ihnen gewählte Mietobjekt bereits vermietet ist, sollte auch ein Mietercheck unerlässlich sein. Hier prüfen Sie, ob die Mieten regelmäßig bezahlt werden. Denn genau von diesen Einnahmen profitieren Sie. Auch ist es wichtig zu klären, ob Mietkautionen hinterlegt wurden. Falls das Objekt nicht vermietet ist, recherchieren Sie genau. Warum ist das Objekt nicht vermietet und wie stehen die Chancen? Künftige Mieter sollten ebenfalls genau überprüft werden.

Bei einer Investition sollten Sie im Vorfeld die Kosten genau kalkulieren. Hier müssen Sie zusätzlich zur Investition mit einem Betrag von etwa 10% des Kaufpreises rechnen, der zusätzlich auf Sie zukommt. Dieser setzt sich aus Grunderwerbssteuer, Kosten für den Grundbucheintrag, Maklergebühren und Notarkosten zusammen. Rechnen Sie bei dieser Kalkulation auch Ihre eigenen Kosten für eine eventuelle Fremdfinanzierung ein.

Ob es sich um eine lukrative Investition handelt, können Sie anhand eines Mietpreismultiplikators errechnen. Hier dividieren Sie den Kaufpreis durch die Jahreskaltmiete. Die hier erhalten Zahl ist die sogenannte Kennzahl. Diese sagt aus, nach wievielen Jahren Sie den Kaufpreis zurück haben. Dies wird auch als ROI, Return of Investment bezeichnet.

Wenn Sie zwar in Immobilien investieren möchten, jedoch kein großes Kapital zur Verfügung haben, könnten auch sogenannte Crowdinvestings interessant sein. Hier erwerben Sie ähnlich wie am Aktienmarkt einen gewissen Anteil an einer Immobilie. Die Rendite wird hier gemäß Ihrer Einlage ausgeschüttet.

Eine Investition in eine Immobilie ist immer zeitaufwändig. Rechnen Sie im Verlauf auch mit einem Zeitaufwand in der Verwaltung. Dies fällt bei Crowdinvestings weg. Auch für diese Anlageform lohnt es sich, im Internet zu recherchieren. Hier können Sie bereits mit relativ geringem Kapital einsteigen und auch eine gute Risikostreuung erzielen, da Sie nicht in eine einziges Objekt investieren. Diese Anlageform ist eine neue und spannende Alternative zum Aktienmarkt. Sie lohnt sich für alle, die eine etwas anschaulichere Form der Investition bevorzugen. Sie sollten sich jedoch auch hier bewusst sein, dass immer ein gewisses Restrisiko verbleibt, welches Sie zu tragen haben.

## Die Rentenversicherungen

Rentenversicherungen sind ein spannendes Thema und gerade jetzt so aktuell wie nie, da viele befürchten müssen, mit der gesetzlichen Rente in die Altersarmut zu rutschen. Dies betrifft leider vor allem Frauen. Bei einer privaten Rentenversicherung zahlen Sie monatlich einen gewissen Betrag ein, der nach Ablauf ebenfalls monatlich oder auf einmal ausbezahlt wird. Des ist eine tolle Möglichkeit, auch im Alter abgesichert zu sein. Die Investition ist monatlich zu tätigen und daher nicht allzu hoch. Zudem lassen sich diese Zahlungen individuell anpassen.

Es gibt auch hier wieder zahlreiche Modelle und Sie sollten im Vorfeld gut recherchieren, welche private Rentenversicherung zu Ihnen, Ihrem Lebensstandard und vor allem zu Ihrem verfügbaren Kapital passt. Private Rentenversicherungen werden als klassische Varianten, als Mischformen oder als an Fonds gebundene Modelle angeboten.

Eine private Rentenversicherung ist eine langfristige Sparform, die rein der Altersvorsorge dient. Wenn Sie eine private Rentenversicherung vor Ablauf auflösen, müssen Sie mit hohen Verlusten rechnen. Zinsen und Erträge werden hier nicht ausbezahlt und auch Verwaltungsgebühren schmälern zusätzlich Ihr bisher investiertes Kapital.

Vergleichen Sie im Vorfeld die einzelnen Anbieter. Auf dem Markt sind mehrere Hundert private Rentenversicherungen, die mit ihren speziellen Modellen locken. Wichtig ist die Transparenz der Versicherung. Sie sollten sofort das Modell verstehen und das Produktkonzept sollte schlüssig erklärt werden. Auch ist es wichtig, dass die private Rentenversicherung flexibel ist. Das bedeutet, dass Sie die Möglichkeit haben, die Verträge eine veränderten Lebenssituation anzupassen. Dies ist vor allem wichtig, wenn sich im Alter vielleicht die berufliche Situation ändert, und Sie nicht mehr dieselben monatlichen Beträge aufbringen können.

Auch sollten Sie explizit erfragen, ob Sie die monatlichen Zahlungen später erhöhen können. Dies ist interessant, wenn Sie im Berufsleben mit den Jahren die Karriereleiter emporsteigen.

Die wichtigsten Punkte, die Sie bei einer privaten Rentenversicherung prüfen sollten:

Wie sieht es mit der Garantieverzinsung aus? Rechnen Sie sich hier die Verzinsung gemäß der Laufzeit genau durch. Bei kurzen Laufzeiten kann sich eine Garantieverzinsung häufig als Negativgeschäft entpuppen. Auch an Fonds gebundene Rentenversicherung sollten gut durchleuchtet werden. Diese sind oft sehr teuer und wenig rentabel. Hier sind vor allem Versicherungen, welche auf ETF`s basieren interessant. Zur genauen Erklärung von ETF`s, die an der Börse gehandelten Investmentfonds kommen wir in einem späteren Kapitel.

Eine private Rentenversicherung lohnt sich natürlich mehr, je jünger Sie sind. Durchschnittlich starten Frauen mit rund 40 Jahren mit den Einzahlungen in eine private Rentenversicherung. Besser und auch günstiger wäre natürlich ein früherer Zeitpunkt. Überprüfen Sie genau, wann die private Rentenversicherung ausbezahlt wird. Hier zahlen die unterschiedlichsten Anbieter zwischen einem erreichten Alter von 60 Jahren bis 67 Jahren aus. Je später die private Rentenversicherung ausbezahlt wird, desto mehr sollten Sie zu einer einmaligen Auszahlung tendieren. Für eine private Rentenversicherung wird durchschnittliche im Monat ein Betrag von 100 Euro einbezahlt. Die monatliche Auszahlung liegt im Durchschnitt je nach Anbieter zwischen 160 Euro und knapp 400 Euro. Die monatlichen Renten können jedoch auch höher oder niedriger ausfallen. Daher ist es wichtig, dass Sie vor dem Abschluss sämtliche Anbieter vergleichen.

# ALTERNATIVE INVESTMENTS

Bei alternativen Investments handelt es sich, wie der Name vermuten lässt, um Sparformen und Anlagen, die sich abseits der üblichen Pfade bewegen. Dies bedeutet jedoch nicht automatisch, dass diese mit einem höheren Risiko behaftet sind, diese Modelle sind lediglich neuer. Natürlich gilt auch hier wie bei allen anderen Investitionen, dass Sie selbst im Vorfeld die einzelnen Anbieter ausführlich überprüfen müssen. Auch wenn wir uns dazu in jedem Kapitel wiederholen, dies ist ein enorm wichtiger Punkt. Sie sollten niemals auf den Rat eines Dritten vertrauen, ohne sich selbst ein Bild gemacht zu haben. Sie sind für Ihr Geld verantwortlich und sollten damit verantwortungsvoll umgehen.

Alternative Investments sind auch für Kleinanleger und Einsteiger geeignet. Hier investieren Sie in nicht traditionelle Anlageformen. Zu den beliebtesten alternativen Investments zählen:

- Hedgefonds
- Private Equity
- Infrastrukturinvestments
- Rohstoffe und Commodities
- Managed Futures/CTAs
- Immobilienfonds

Sämtliche dieser Anlagemodelle bieten einen besseren Zinssatz als klassische Sparmodelle. Zudem stellen diese alternativen

Investments eine tolle Möglichkeit abseits des Aktienhandels dar. Dies ist vor allem für alle interessant, die sich eingehend mit diversen Aktien beschäftigt haben und nach einer Alternative zur hohen Volatilität am Aktienmarkt suchen. Alternative Investments dienen auch dazu, das Kapital gegen auftretende Schwankungen auf den herkömmlichen Finanzmärkten zu bewahren. In diesem Bereich spielt auch die Fintech Technologie eine große Rolle, welche die Möglichkeiten auf den alternativen Finanzmärkten auch für kleine Investoren lukrativ und vor allem zugänglich macht.

## Was sind Hedgefonds?

Bei einem Hedgefond handelt es sich um einen aktiv verwalteten Investmentfond. In der Vergangenheit hatten Hedgefonds einen zweifelhaften Ruf und Hedgefond-Manager waren als gewinnorientierte Bestien verschrien. Hedging bedeutet absichern und genau zu dieser Absicherung gegen Risiken wurden diese auch gegründet. Heute gelten Hedgefonds als riskante Anlageformen. Hier werden Termingeschäfte auf Kursbewegungen abgeschlossen und mit Optionsscheinen spekuliert. Diese Investmentfonds investieren zwar in traditionelle Assetklassen, verfolgen dabei jedoch eine nicht traditionelle Anlegestrategie. Für private Anleger sind lediglich sogenannte Dach-Hedge-Fonds interessant. Diese werden an der Börse gehandelt. Bei Hedgefonds ist sowohl das Risiko für Verluste enorm hoch, jedoch auf der anderen Seite bieten Sie hohe Gewinne an.

## Private Equity

Übersetzt handelt es sich hierbei um privates Beteiligungskapital. Es wird von privaten oder institutionellen Anlegern zur Verfügung gestellt. Damit können direkt und nicht öffentlich Unternehmensbeteiligungen erworben werden. Diese Anteile werden somit nicht an der Börse gehandelt. Durch die erworbenen Anteile an einem Unternehmen können Rendite erzielt werden. Hier ist es wichtig, dass die Unternehmen eine gute Balance zwischen Gewinn und Risiko aufweisen. Der Cashflow muss stabil sein um attraktive Renditen zu erzielen. Mit diesen Mitteln kann in neue, junge Unternehmen und sogenannte Star-ups investiert werden. Diese Unternehmen, welche noch nicht etabliert sind, bergen zwar ein höheres Risiko, aber auch die Möglichkeit, durch die Decke zu gehen. Für Unternehmen bedeutet dies, eine Finanzierung abseits der Banken zu erhalten.

## Was sind Infrastrukturinvestments?

Infrastrukturinvestments umfassen die Bereiche Kommunikation Transport, Versorgung oder soziale Einrichtungen. Diese Investments werden zwar klassisch und langfristig angelegt, sind jedoch stets mit einem gewissen Risiko behaftet. In diese Bereiche kann sowohl von privater, als auch von öffentlicher Seite investiert werden. Generell wirkt es sehr sicher, in Wasser, Elektrizität, Bahn, Schifffahrt, Kommunikation, Bildung, Kultur und ähnliches zu investieren. Es wird in erneuerbare Energien investiert, ebenso wie in Schulen, Gefängnisse, Krankenhäuser und öffentliche

Gebäude. Das große Risiko birgt sich hier jedoch im Zusammenspiel von Politik und Staat, in der Regulierung und zahlreichen operativen Risiken. Vor allem Pensionsversicherungen bieten in ihrem Portfolio Infrastrukturinvestments an.

## Rohstoffe und Commodities

Bei dieser Anlageform wird in Edelmetalle wie Gold, Industrie-Metalle, Erdgas, Rohöl und diverse Agrar-Rohstoffe investiert. Sämtliche dieser Waren werden an der Börse gehandelt. Durch immer bessere Handelsabkommen einzelner Länder, wie zum Beispiel zwischen Amerika und Mexiko, konnten die Rohstoffmärkte zuletzt große Gewinne aufweisen.

## Managed Futures/CTAs

Hierbei handelt es sich um staatlich regulierte Vermögensverwalter, welche ausschließlich in Derivate, die Terminmarktprodukte investieren. Hier dreht sich alles um Futures und Optionen. Bei Futures handelt es sich um spezielle Termingeschäfte. Hier werden vorab Preis und Termin des Handels vereinbart. Futures werden häufig als Absicherung gegen Kursschwankungen verwendet. Auch bei Optionen wird der Preis und der Zeitpunkt für den Kauf und Verkauf vorab vereinbart. Im Endeffekt handelt es sich hier um ein Spekulieren auf einen optimalen Kurs zum Kaufen und Verkaufen. Futures und Optionen können im weitesten Sinne als vereinbarte Preisgarantie und Abnahmepflicht verstanden werden.

## Die Immobilienfonds

Mittels Immobilienfonds können auch Kleinanleger in unterschiedliche Immobilien investieren und von den Renditen profitieren. Bei Immobilienfonds werden die Risiken vermieden, die sich bei einem direkten Investment in Wohnungen und Häuser gestalten können. Hier können Sie mit wenig Eigenkapital wirtschaften. Im Gegenzug zu direkten Investitionen in Immobilien ist hier jedoch keine Fremdfinanzierung möglich. Ausschüttende Immobilienfonds schütten die Gewinne abzüglich der Kosten für Verwaltung, Instandhaltung und mehr aus. Bei thesaurierenden Immobilienfonds werden die erwirtschafteten Erträge sofort in neue Projekte investiert. Kleinanleger können offene Immobilienfonds täglich an der Börse kaufen und verkaufen. Geschlossene Immobilienfonds werden hingegen nur einmalig aufgelegt.

Warum wir hier auf diese einzelnen alternativen Anlagemöglichkeiten eingehen? Zum einen können Sie die eine oder andere Investition persönlich tätigen - natürlich nicht ohne diese im Vorfeld ausgiebig überprüft zu haben. Zum anderen aber setzen sich viele Lebensversicherungen und Rentenversicherungen aus diesen einzelnen Modellen zusammen. Daher ist es wichtig, dass Sie im Vorfeld über die Thematik bescheid wissen. Nur so können Sie gut vergleichen und entscheiden, welche Varianten Ihnen sympatisch sind. Bei jeder Investition ist es auch wichtig, dass Sie persönlich dahinter stehen und sich mit dem Thema identifizieren können. Rentenversicherungen, die Ihre Erträge hauptsächlich aus Immobilienfonds generieren sind nur dann wirklich geeignet, wenn auch Sie selbst mit der Materie bekannt und einverstanden sind.

Genauso können Sie nur herausfinden, warum die einzelnen Versicherungen eine höhere Rendite versprechen, indem Sie über Investitionen und Anlagen mit einem höheren Risiko bescheid wissen. Eines sollten Sie nie vergessen: Je höher die Gewinne, umso höher sind meist auch die Risiken für Verluste.

# DIE BÖRSE - ALLES ÜBER AKTIEN UND DEN HANDEL

Bevor Sie beginnen mit Aktien zu handeln und sich nach einem geeigneten Broker oder einer Plattform umsehen, sollten Sie von Grund auf die Börse verstehen. In diesem Kapitel möchten wir sämtliche Spezialbegriffe rund um die Börse und den Aktienmarkt erklären und erläutern, wie die Börse generell funktioniert. Nur wer dieses Thema von Grund auf kennt und versteht, kann auf dem Aktienmarkt auch erfolgreich werden.

## Was ist die Börse?

Im Allgemeinen handelt es sich bei der Börse um einen weltweiten Handelsplatz. Die Ursprünge der Börse gehen auf das 16. Jahrhundert zurück. Hier wurde in Brügge in Belgien von der Familie Van der Beurse der Grundstein für die heutige Börse gelegt. Von damals an bis heute ist die Börse ein Tauschmarkt für Investoren. Hier werden Wertpapiere eingekauft und verkauft.

Dieser Tauschhandel könnte natürlich auch abseits der Börse abgewickelt werden. Der Vorteil der Börse liegt jedoch darin, dass hier sämtliche Transaktionen nach einem speziellen Standard und auch reguliert abgewickelt werden. Für sämtliche Aktien können nicht nach Lust und Laune Fantasie-Preise aufgerufen werden. Die Preise der Aktien werden ausschließlich von Angebot und Nachfrage erstellt. Dadurch sind die Preise für jeden nachvollziehbar und transparent.

Durch zusätzliche Regulationen ist das Handeln an der Börse noch sicherer geworden.

Unternehmen können durch Aktien ihr Eigenkapital vergrößern. An interessierte Investoren werden nun Aktien des Unternehmens verkauft, die von nun an Anteile daran halten. Im Gegenzug kann das Unternehmen die Einnahmen als Eigenkapital verbuchen. Jedes Unternehmen, welches in der Form einer Aktiengesellschaft besteht, kann an die Börse gehen. Das Unternehmen wird von Investmentbanken bewertet und ein sogenannter Einführungskurs festgelegt. Es werden Investoren für die Aktien begeistert und bei einer Bieterrunde wird herausgefunden, wer zu welchem Preis Anteile erstehen möchte. Im Optimalfall sind mehr Bieter vorhanden, als künftig Aktien am Markt sein werden. Nun können die besten Angebote gewählt werden. Nun beginnt auch der Handel an der Börse. Zur Eröffnung des Börsengang läutet die neu an die Börse gegangene Aktiengesellschaft die legendäre Börsenglocke und der Handel kann beginnen.

Wenn Sie nun Aktien eines bestimmten Unternehmens kaufen möchten, wird der Auftrag über einen Broker abgewickelt. Die bekanntesten Börsen der Welt sind natürlich die NYSE, die New York Stock Exchange, die Deutsche Börse und die europäische Börse Euronex. Doch auch die Börsen von Südkorea, Shanghai, Hong Kong und China gewinnen immer mehr an Bedeutung. Berühmt ist auch die Nasdaq Inc, die US-Technologiebörse. Letztere ist die Börse bekannter Firmen wie Facebook, Amazon, Microsoft und Co.

## Was ist der Börsenkurs?

Der Börsenkurs oder auch Aktienkurs ist jener Preis, zu welchem die Aktie an der Börse gehandelt, also eingekauft und verkauft wird. Die Kursmakler der Börse erstellen den Aktienkurs während der täglichen Handelspreise durch Angebot und Nachfrage.

## Das kleine ABC der Börse

Es ist wichtig, dass Sie über Information verfügen. Nur wenn Sie wissen, worüber geredet wird, können Sie auch erfolgreich sein.

Anleihen werden an Staaten, Länder oder Unternehmen ausgegeben, um Kapital zu generieren. Diese werden auch als Pfandbriefe, Schuldverschreibungen oder Obligationen bezeichnet. Eine Anleihe gibt Recht auf Verzinsung, Recht auf Zurückzahlung zum Nennwert und bietet eine vorrangige Rückzahlung an Aktionäre im Falle eines Konkurses. Mit einer Anleihe haben Sie jedoch, nicht wie bei Aktien, kein Stimmrecht oder Teilhaberrecht. Die Zinsen einer Anleihe werden stets zu einem festgelegten Zeitpunkt ausgezahlt. Meist werden diese jährlich oder halbjährlich ausgeschüttet. Anleihen zählen somit zu den festverzinslichen Wertpapieren. Eine Anleihe ist für viele Unternehmen eine Alternative zu Krediten und Darlehen. Für Anleihen muss keine Sicherstellung vorgewiesen werden.

Baisse oder auch Bärenmarkt bezeichnet einen sinkenden oder fallenden Aktienmarkt. Von einer Baisse spricht man, wenn diese Phase über einen längeren Zeitraum anhält und enorme Kursverluste bedeutet. Eine sehr bekannte Baisse konnte im Jahr 2018 auf dem Kryptomarkt verzeichnet werden. Auch hier gibt es Börsen, die sogenannten Exchanges. Die Periode, in welcher der Bitcoin rasant und kontinuierlich gefallen ist, kann zum Beispiel als Bärenmarkt bezeichnet werden. Viele nutzen den Börsenabschwung, um günstig einzukaufen. Dies ist bedingt richtig, denn jeder, der mit Aktien handeln möchte, sollte billig einkaufen und teuer verkaufen. Wenn es finanziell nicht notwendig ist, sollte während einer Baisse niemals verkauft werden.

Als Blue Chips werden sogenannte schwergewichtige Aktien bezeichnet. Dazu zählen Aktien bekannter Unternehmen wie Daimler Chrysler oder Siemens.

Auf den Charts wird die Kursentwicklung dargestellt. Die Charts geben Auskunft über die Entwicklung der Kurse. Diese werden gerne zur Analyse verwendet um Aktien zu kaufen oder zu verkaufen. Trader erkennen anhand der Charts unterschiedliche Muster, welche Signale zum Kaufen oder Verkaufen abgeben. Wer sich eingehend mit den Chartmustern befasst, wird auf Begriffe wie Doppel-Top, Schulter-Kopf-Schulter-Top, Untertasse, Flagge, Wimpel und Keil stoßen. Diese unterschiedlichen Muster signalisieren wichtige Trends.

Bei einer Courtage handelt es sich um dem Betrag, welchen der Makler für den Abschluss eines Geschäfts erhält. Die derzeitige Courtage beläuft sich auf 0,8 Promille. Das bedeutet in Zahlen, bei einem Geschäft über 10.000 Euro ist eine Courtage von 8 Euro fällig.

Dividenden sind die anfallenden Anteile einer Gewinnausschüttung. Dividenden fallen stets unterschiedlich hoch aus, da sich diese aus dem wirtschaftlichen Gewinn der Unternehmen errechnet.

Emittenten sind Unternehmen, Körperschaften, der Staat oder Banken, welche Wertpapiere wie Aktien, Anleihen oder Optionsscheine ausgeben. Sie haften jeweils für die darin verbrieften Rechte.

Der Geldmarkt ist jener Markt für kurzfristige Guthaben und Kredite. In sogenannten Geldmarktfonds können kleinere Beträge kurzfristig zwischengelagert werden. Die Zinssätze werden hier von Angebot, Nachfrage und Laufzeit bestimmt.

Garantieprodukte sind beliebt bei konservativen Anlegern. Nach Ablauf der Laufzeit wird der zuvor festgelegte Betrag dafür ausbezahlt. Ein Nachteil dieser Garantieprodukte ist, dass auch bei einer enormen Kurssteigerung und großem Wertzuwachs nicht der volle Gewinn ausbezahlt wird, sondern nur die garantiert vereinbarte Summe.

Genussscheine geben ein Recht auf Reingewinne und Liquidationserlöse einer AG. Der Halter der Genussscheine hat jedoch kein Stimmrecht.

Hausse bezeichnet einen steigenden Börsenmarkt. Der sogenannte Bullenmarkt steht für Börsenaufschwung und ist für viele ein Zeichen, die Aktien gewinnbringend zu verkaufen. Aktien sollten am Gipfel eines Bullenmarktes niemals eingekauft werden. Denn nach jedem Aufstieg folgt in der Regel auch ein Abstieg.

Bei Indexzertifikaten handelt es sich um Schuldverschreiben, die an der Börse notiert sind. Für diese Zertifikate sind keinerlei Verwaltungsgebühren und Ausgabeaufschläge zu bezahlen. Diese Zertifikate haben jedoch den Nachteil, dass sie niemals besser abschließen können als der Index.

Als Insider werden jene Menschen bezeichnet, die durch ihren Beruf Einblick in die wirtschaftliche Entwicklung der Unternehmen haben und so explizit Auskunft über die zu erwartende Kursentwicklung geben können. In diesem Zusammenhang spricht man auch von Insidergeschäften. Diese sind nicht nur moralisch verwerflich, sondern auch gesetzlich verboten.

Als Institutionelle Anleger werden Versicherungen, Bausparkassen, Investmentfonds oder Pensionsfonds bezeichnet. Mit ihren enormen finanziellen Mitteln können sie den Finanzmarkt maßgeblich beeinflussen.

Als konservative Anlagestrategien Geldanlagen bezeichnet, die auf sichere Rendite und den Erhalt des Vermögens bauen. Generell werden hier kleinere Gewinne erzielt, jedoch mit der Absicherung gegen hohe Verluste.

>Der KGV - ist das Kurs-Gewinn-Verhältnis. Hier wird der Bezug zwischen Gesamtgewinn einer Aktie und dem aktuellen Kurs dargestellt. Es gilt, je niedriger der KGV, desto günstiger ist die Aktie. Der KGV ist wichtig, wenn Sie beginnen, die richtige Aktie für sich selbst zum Einkaufen zu finden. Hier sollten Sie stets Aktien derselben Branche vergleichen. Nur so ist der KGV auch wirklich aussagekräftig.

Ein Langläufer ist eine Anleihe mit einer Gesamtlaufzeit oder Restlaufzeit von mindestens 10 bis 15 Jahren. Deren Kurse reagieren bei Zinsänderungen stärker. Daher werden bei hohen Zinsen Anleihen mit einer langen Restlaufzeit bevorzugt.

Die Marktkapitalisierung gibt Auskunft über den aktuellen Börsenwert eines Unternehmens. Diese kann durch die

Multiplikation des Kurses mit der Anzahl der ausgegebenen Aktien errechnet werden.

Beim Nennwert sprechen wir von jenem Wert, der auf einem Wertpapier abgedruckt ist. Auf Anleihen wird jener Betrag vermerkt, welcher der Emittent dem Inhaber der Anleihe schuldet.

Von einer Netto Dividende sprechen wir, wenn der Betrag der 25%-igen Körperschaftssteuer abgezogen ist und ausbezahlt wird.

Nicht zyklische Aktien sind jene Aktien, die von einer wirtschaftlichen Entwicklung relativ unabhängig sind. Sie unterliegen nur geringen Schwankungen und sind in jenen Zeiten sehr beliebt, wenn sich der Börsenmarkt turbulent präsentiert. Getränke und Lebensmittel fallen meist unter den Begriff der nicht zyklischen Aktien.

Mit einer Optionsanleihe können Sie Aktien eines Unternehmens zu einem festgelegten Preis zu einem ebenfalls festgelegten Zeitpunkt kaufen.

Optionsscheine berechtigen Sie, die Aktien, Devisen, Edelmetalle oder mehr zu einem festgelegten Preis während einer ebenso vorbestimmten Frist zu kaufen oder zu verkaufen. Man spricht hier beim Kauf von Call und bei einem Verkauf von Put.

Als Pari wird eine Aktie bezeichnet, die exakt zu ihrem Nennwert ausgegeben wird. Diese Aktie hat dadurch einen Kurs von 100%.

Sogenannte Penny Stocks sind sehr günstige Aktien, mit einem Nennwert von weniger als einem Dollar. Hier handelt es sich um Aktien, die für Spekulanten interessant sind.

Hypothekenbanken geben sogenannte Pfandbriefe aus. Diese dienen der Finanzierung von Baukrediten. Pfandbriefe zählen zu den konservativen Anlageformen, da sie sehr risikoarm sind.

Die Quellensteuer wird direkt dort abgezogen, wo sie entsteht. Die Kapitalertragssteuer zum Beispiel wird direkt von den Dividenden abgezogen.

Ein Rating bezeichnet die Kreditwürdigkeit eines Schuldners. Hier wird nicht nur die Verschuldungsrate mit einbezogen, sondern auch auf das Länderrisiko geachtet. Hierfür gibt es Rating Agenturen. Moodys und Standard & Poors sind die bekanntesten Rating Agenturen. Als AAA werden Unternehmen mit höchster Bonität bezeichnet, während die Klassifizierung D Auskunft über Zahlungsschwierigkeiten gibt.

Die Rendite bezeichnet den Ertrag einer Anlage in Prozent des investierten Kapitals.

Tafelgeschäfte werden direkt am Bankschalter getätigt. Hier erhält der Käufer direkt die erstandenen Wertpapiere, die er nun auch selbst zu Hause verwahren kann. Hier gehen häufig die Zinsen an der Steuer vorbei.

Eine Value Strategie ist eine Strategie der konservativen Anleger und Investoren. Hier wird auf günstig bewertete Aktien mit Umsatz-Stabilität und nachhaltigem Gewinn gesetzt. Diese Strategie wird vor allem in Zeiten turbulenter Börsenmärkte verfolgt.

Ein Venture Capital wird zur Finanzierung neuer und riskanter Projekte verwendet, die große Chancen versprechen und zukunftsträchtig sind.

Die Volatilität bezeichnet die Schwankungsbreite und das Risiko eines Wertpapiers. Aktien haben in der Regel eine höhere Volatilität als Anleihen.

Mit einer Vorzugsaktie haben Sie zwar kein Stimmrecht auf einer Hauptversammlung, erhalten dafür jedoch höhere Dividenden als mit Stammaktien.

Wandelanleihen lassen Sie von steigenden Aktienkursen profitieren, bewahrt Sie jedoch vor dem vollen Risiko einer herkömmlichen Aktie.

Zero Bonds werden auch als Null-Coupon-Anleihe bezeichnet. Diese bieten keine laufende Verzinsung an. Diese werden weit unter dem Nominalwert ausgegeben und nach einer gewissen Laufzeit zum Nominalwert eingelöst.

Zertifikate sind ähnlich wie Fonds eine Möglichkeit, das Risiko zu streuen. Bei Zertifikaten fallen keine Ausgabeaufschläge an.

In diesem kleinen ABC haben Sie nun die wichtigsten und geläufigsten Begriffe des Börsenmarktes kennengelernt. Im Laufe der nächsten Kapitel werden noch zahlreiche weitere dazukommen. Wichtig ist, dass Sie in Zukunft wissen, wovon Sie lesen oder hören. Die Bedeutung der einzelnen Begriffe hilft auch maßgeblich bei der Entscheidung für die ein oder andere Anleihe, Aktie oder Anlageform.

## Das Portfolio

Als Portfolio wird Ihr gesamter Besitz in Aktien, Anleihen, Rohstoffen und Investmentfonds bezeichnet. Bereits im Vorfeld sollten Sie sich Gedanken machen, wie Sie Ihr Portfolio anlegen. Durch ein bunt gestreutes Portfolio können Sie so manches Risiko ausbalancieren und mindern. Das bedeutet, wenn Sie eine sehr risikoreiche Aktie besitzen, setzen Sie als Gegenpunkt eine sehr konservative Anlageform.

Eine sehr konservative und sichere Form ein Portfolio anzulegen ist, wenn Sie in etwa 30 Prozent Aktien und 70 Prozent Zinspapiere investieren. Niemals sollten Sie Ihr gesamtes Kapital in nur eine Aktie oder nur eine Anleihe investieren. Um eine breite Risikostreuung und eine höhere Gesamtrendite zu erhalten mischen Sie sozusagen ETF`s mit Dividenden Aktien, währungsgesicherte weltweite Anleihen und globale Hochzinsanleihen. Diese ergänzen zum Beispiel toll die deutschen Jumbo Pfandbriefe, europäische Aktien und europäische Anleihen.

Für den Aufbau eines Portfolios gibt es jedoch keinen klaren Richtwert. Sie müssen selbst entscheiden und sämtliche Investitionen prüfen und verantworten. Es ist jedoch wichtig, ein Augenmerk auf das Portfolio zu richten. Wenn Sie nur wild Aktien und Anleihen kaufen und verkaufen, sind die Chancen für einen langfristigen Erfolg deutlich geringer.

Zu Beginn sollten Sie sich fragen, welche Aktie Sie kaufen können, wollen und warum. Hier ist es immer ratsam, Auskunft über das Unternehmen einzuholen. Sie können nun zum Beispiel die DAX Werte verfolgen, Veröffentlichungen diverser Analysten lesen und Unternehmen durchleuchten, die gerade im Trend liegen. Wichtig ist auch hier die Recherche - Information ist alles. Machen Sie sich schlau. Lesen Sie die

Börsenpresse, suchen Sie nach Börsen-Gruppen in den Sozialen Medien und besuchen Sie Foren und andere Plattformen zu diesem Thema. Hier können Sie sich auf anonyme Art und Weise viel Inspiration und Ideen holen.

Sobald Sie eine Idee haben, welche Aktien Sie einkaufen möchten, sollten Sie den Kreis etwas eindämmen. Nun gilt es zu analysieren und zu sortieren. Es beginnt der Analyseprozess der einzelnen Unternehmen. Die Unternehmensbewertung ist ein wichtiger Punkt, der über Gewinn und Verlust entscheiden kann. Lesen Sie die Quartalsberichte der Unternehmen. Recherchieren Sie nach Prognosen für die Branche. Achten Sie auch auf die Entwicklung der Mitarbeiterzahl. Wenn es kürzlich erhebliche Entlassungen gab, sollte dies ein Wink mit dem Zaunpfahl sein. Analysieren Sie die Besitzverhältnisse und die aktuellen und vergangenen Aktien-Charts. Achten Sie auf Dividendenzahlungen und errechnen Sie den KGV.

Das bedeutet zwar etwas Aufwand, doch nur so können Sie ein relativ sicheres Geschäft abschließen. Die Quartalsberichte finden Sie im Internet auf der Homepage der einzelnen Unternehmen. Hier sollten Sie nach der Rubrik Investor Relations suchen. Hier finden Sie auch Auskunft über Mitarbeiterzahlen, wirtschaftliche Prognosen und die Branche im Allgemeinen. Hier sollten Sie vor allem darauf achten, ob das Unternehmen für zukunfstorientierte Technologien einsteht. Auch sollten Sie an diesem Punkt die Konkurrenz dieses Unternehmens betrachten.

Danach wird die Aktie selbst unter die Lupe genommen. Auch hier finden Sie im Internet die historischen Aktien-Charts. Hier achten Sie auf die zuletzt erreichten Höchststände der Aktie. Wichtig ist auch, dass Sie herausfinden, ob sich die

Aktie gerade im Aufwärts- oder Abwärts-Trend befindet und warum.

Prüfen Sie, ob das Unternehmen die nicht verpflichtenden Dividendenzahlungen ausschüttet. Ob dies regelmäßig einmal im Jahr passiert, oder ob eine Pause bei der Ausschüttung eingelegt wurde. Sie müssen sich vor Augen halten, dass Dividenden eine sehr attraktive zusätzliche Rendite bedeuten. Wichtig ist, dass Sie diese Analyse selbständig durchführen und nicht auf einen Rat eines selbsternannten Spezialisten vertrauen. Auch wenn sich das Prüfen langwierig und langweilig anhört, Sie werden schnell feststellen, dass es Ihnen von Mal zu Mal leichter von der Hand geht und auch durchaus Spaß machen kann.

Nun haben Sie das Unternehmen und die Aktie analysiert und können eine sogenannte Investment-Entscheidung treffen. Lassen Sie sich auch nicht entmutigen, wenn Sie zu Beginn eine falsche Analyse getätigt haben oder Zahlen vermeintlich falsch ausgewertet oder gedeutet hatten. Auch die beste Analyse kann nicht zu hundert Prozent Aufschluss über eine künftige Entwicklung der Aktie geben.

Im nächsten Schritt suchen Sie den für Sie passenden Broker und die passende Handelsplattform.

So wählst du die richtigen Broker und Handelsplattformen aus

Eine vernünftige Geldanlage ist heutzutage wichtiger denn je. Die Inflation schlägt gnadenlos zu und die Zinsen auf Sparbüchern haben sich dermaßen minimiert, dass diese Sparform schon längst nicht mehr lukrativ ist. Sobald auch noch das Thema Minuszinsen aufkommt, kann dir Angst und Bange werden. Dein hart verdientes Geld soll trotz Sparen immer weniger werden? Das ist doch nicht fair. So ist es nicht verwunderlich, dass sich viele nach immer neuen Methoden umsehen, das Geld vernünftig anzulegen. Aktien und Fonds sind hier ein durchaus interessantes Thema. Doch, wem kann man hier vertrauen und wie findet man den passenden Broker und die richtige Handelsplattform?

In diesem Artikel möchten wir dich über die Vor- und auch Nachteile hinweisen. Gerade bei dieser Materie hast du die Möglichkeit, die Sache selbst in die Hand zu nehmen. Der Vorteil hier liegt klar auf der Hand. Du suchst dir selbst deinen Broker und deine Handelsplattform aus und entscheidest, wie und wo du dein Geld anlegst. Natürlich bieten auch viele Banken und private Unternehmen diese Dienste an. Hier sollte dir jedoch bewusst sein, dass ein sogenannter Zwischenhändler ebenfalls bezahlt werden muss. Dein Gewinn wird somit automatisch gemindert. Gerade dies gilt es zu vermeiden. Ein Nachteil jedoch ist, dass du jedoch auch für sämtliche Verluste selbst verantwortlich bist.

Daher ist es wichtig, dass du dich im Vorfeld ordentlich informierst und über mögliche Risiken aufklären lässt. Welche Schritte du dazu unternehmen musst, wollen wir dir in diesem Beitrag auflisten, und dich ein Stück durch den dichten Dschungel von Brokern und Handelsplattformen begleiten.

## Was sind Broker und Handelsplattformen?

Am Parkett der Aktien gibt es zwei wichtige Parteien. Die eine Partei ist der Trader - in diesem Fall du. Die andere Partei ist der Broker. Diese Bezeichnungen kennst du garantiert von vielen Filmen über die Wallstreet. Garantiert kennst du den

Hollywood Blockbuster "The wolve of Wallstreet" mit Leonardo de Caprio. Ganz so aufregend werden sich deine ersten Schritte am Aktienmarkt garantiert nicht gestalten, im Groben umschreiben diese Filme den Markt jedoch sehr treffend.

Um es einfach zu erklären, ein Broker handelt mit unterschiedlichen Devisen, Waren und Rohstoffen. Dabei arbeitet der Broker immer auf fremde Rechnung. Das bedeutet, dass du dem Broker dein Geld für dieses Handeln zur Verfügung stellst. Daher ist es besonders wichtig, dass du dich für den Richtigen entscheidest.

## Brauche ich unbedingt einen Broker?

Da du als Privatperson nicht einfach an der Börse Finanzprodukte einkaufen und wieder verkaufen kannst, benötigst du einen Broker. Dieser muss um eine entsprechende Zulassung der Finanzaufsichtsbehörde verfügen. Über den Broker erhältst du den Zugang zu den unterschiedlichen Märkten.

Bei den Brokern gibt es unterschiedliche Varianten. Man unterscheidet zwischen Dealing Desk, Market Maker, ECN, STP und IB. Diese Bezeichnungen beschreiben, wie die einzelnen Trades durchgeführt werden. Bei einem Dealing Desk dem Handelstisch, gelangt jede von dir aufgegebene Order über den Handelstisch der Handelsabteilung und wird von hier aus an die Börse weitergeleitet.

Ein Market Maker leitet die Order nicht direkt an den Finanzmarkt weiter. Hier werden die Bestellungen und

Aufträge der unterschiedlichen Kunden häufig im eigenen System abgewickelt.

Bei einem ECN, einem Electronic Communication Network, wird die Order direkt an den Interbankenmarkt weitergeleitet. Hier erfolgt die Preisstruktur über flexible Spreads. Der Spread entsteht aus den Schwankungen des Marktes. Orderbuch und Marktbreite können direkt eingesehen werden.

Bei einem STP, einem Straight Through Processing, wird die Order vom Broker direkt an den Liquidity Provider, also einen Börsenhändler, weitergeleitet. Meist wird ein STP von banken durchgeführt.

Ein NDD, ein No Dealing Desk, ist ein Broker, der deine Order direkt an den Interbankenmarkt weiterleitet. Hier sind alle ECN und STP Broker eingeschlossen. Du erhältst hier direkt die Spreads des Interbankenmarkts, was sich als großer Vorteil, aber auch als Nachteil entwickeln kann.

Ein IB, also ein Introducing Broker, ist ein einführender Broker, der auf Provisionsbasis die Kunden an seinen Börsenhändler vermittelt.

## Nach welchen Kriterien soll ich meinen Broker auswählen?

Zuerst solltest du dich ein wenig mit dem Markt vertraut machen und wissen, was du handeln möchtest. Bei deinem Broker ist es wichtig, dass dieser immer erreichbar ist. Ein großer Pluspunkt sind Broker, die rund um die Uhr telefonisch erreichbar sind. Der zweite Punkt ist die Sprache. Hier solltest du herausfinden, ob stets ein deutschsprachiger Service verfügbar ist, oder ob du möglicherweise auf die englische Sprache zurückgreifen musst.

Generell wirst du den Broker nur in Notsituationen persönlich kontaktieren. Gerade dann ist es jedoch wichtig, dass du ihn auch erreichst und dich verständigen kannst. Diese Notsituationen können unerwartete Marktentwicklungen oder Probleme mit zum Beispiel einer Stopp-Order sein, die nicht eingesetzt hat und dein Konto immer weniger und weniger wird.

Weiter solltest du die Software des Broker testen. Hier geht es darum, dass dir die Charting- und Handelsplattform sympatisch ist. Sie sollte für dich übersichtlich und verständlich sein. Hier solltest du auch stets darauf achten, dass dir ausreichend Daten zur Chart-Analyse zur Verfügung gestellt werden.

Auch auf die Slippage solltest du achten. Diese lässt sich bei bestimmten Märkten und Trades nicht immer vermeiden. Jedoch kommt es hier auch auf die Genauigkeit des Brokers bei der Orderbuchführung an. Oft werden hier vom Broker auch garantierte Kurse ohne Slippage versprochen. Hier heißt es doppelt und dreifach aufpassen. In diesem Fall solltest du das Kleingedruckte ein weiteres Mal ausführlich lesen.

Wenn ein Broker mit Requotes arbeitet, bedeutet dies, dass der Trade nicht zu dem Preis ausgeführt wird, denn du möchtest. Diesen trägst du stets im Vorfeld in die Ordermaske ein. Hier ist es wichtig, dass du abklärst, wie der Broker mit Requotes umgeht. Ein verantwortungsvoller Broker informiert dich und fragt nach, ob die Order zu einem meist verminderten Preis neu platziert werden soll. Das Thema Requotes wird meist in den AGBs der Broker abgehandelt. Daher ist es hier besonders wichtig, diese ausführlich zu lesen. Requotes bedeuten für dich immer einen schlechteren Verkauf.

Ein weiterer wichtiger Punkt sind natürlich die Gebühren, die der Broker aufruft. Du musst dir bewusst sein, dass kein Broker für lau arbeitet. Es ist natürlich nicht sinnvoll, den erstbesten und günstigsten Broker auszuwählen. Hier solltest du das Gebührenmodell der einzelnen Broker erklärt bekommen, und diese auch verstehen. Danach entscheidest du, bei welchem Broker du dich auch gut aufgehoben fühlst. Ein bisschen Bauchgefühl ist hier ebenfalls dabei.

## Wie funktioniert der Forex-Markt?

Auf diesem Markt kann weltweit rund um die Uhr gehandelt werden. Damit du ein Gespür für diesen spannenden und lukrativen Markt bekommst, solltest du darauf achten, ob dein Broker ein sogenanntes Demo-Konto zur Verfügung stellt. Ein Demo-Konto dient rein der Übung und kann mit Trockenschwimmen verglichen werden. So kannst du dich mit der Materie vertraut machen und spielerisch ohne Risiko die Schritte erlernen, die du fürs Traden benötigst.

Achte darauf, dass dieses Demo-Konto kostenfrei ist. Es sollte dir auch die Möglichkeit geben, den Markt zu realen Bedingungen kennenzulernen. Hier kannst du nun ein virtuelles Kapital einsetzen und findest heraus, wie du mit der Maske des Brokers zurechtkommst. Du kannst nun mit Rohstoffen wie Gold, Silber, Öl, aber auch mit Devisen wie Yen, Euro, Dollar, Pfund und Schweizer Franken traden.

Auch auf das maximale Leverage des Brokers solltest du achten. Je höher das Leverage ist, um so höher kann dein Gewinn sein. Auf der anderen Seite kann ein hohes Leverage auch ein höheres Risiko bedeuten.

Achte auch auf die Mindesteinzahlung, die du tätigen musst. Hier gibt es Differenzen zwischen 10 Euro und 200.000 Euro. Auch auf minimale Lot-Größe und auf minimale Margin solltest du achten. Letztere sind enorm wichtig, um dich gegen größere Verluste abzusichern.

## Wann sollen die Alarmglocken läuten?

Damit du einen seriösen Broker findest, solltest du auch recherchieren, wo dieser seinen Sitz hat. Ist der Sitz zum Beispiel in Belize, auf den Cayman Islands oder den British Virgin Islands, dann sollten deine Alarmglocken läuten. Diese Steuerparadiese sind häufig gute Verstecke und Firmensitze für dubiose und betrügerische Firmen. In diesen Ländern ist die Steuerlage für Forex-Trader nicht eindeutig und somit kann es häufiger zu sogenannten Scams kommen.

## Wie und wo kann ich recherchieren?

Im Internet findest du diverse Depotrechner. Mit deren Hilfe kannst du die Gebühren der einzelnen Broker, die du für dich ausgewählt hast, vergleichen. Notiere dir nun die Gebühren und recherchiere weiter. Als nächsten Punkt vergleichst du die gebotenen Leistungen der einzelnen Broker. Dabei ist es ratsam, dies wirklich schriftlich zu machen. So erhältst du einen schönen Überblick. Notiere dir, welche Broker Order-Aufträge auch oder ausschließlich per Telefon annehmen. Wer bietet eine Verzinsung auf deinem Guthaben-Konto und gibt es die Möglichkeit, Zugang zu günstigen Börsen im Ausland zu haben.

Ein weiterer wichtiger Punkt ist eine schnelle Ausführung der Order. Auch ob du kostenlos die Realtime-Kurse abrufen kannst ist eine nicht unerhebliche Frage, die du bei deinem Vergleich berücksichtigen solltest. Prüfe genau, für welche Leistungen du extra bezahlen musst. So kann sich ein vermeintlich günstiger Broker als teuer entpuppen.

Du kannst natürlich auch nach Reviews suchen. Du kannst nach Brokern mit langjähriger Erfahrung suchen und zu Beginn auf die bekanntesten Online-Broker am Markt vertrauen.

## Fazit

Um in den Aktienmarkt einzusteigen musst du einfach ein bisschen recherchieren und dich mit der Materie befassen. Noch ausführlicher wird dieses Thema in unserem Buch behandelt. Dort findest du zusätzlich viele andere Tipps, wie du dein Geld anderweitig anlegen kannst und dir ein sicheres Polster für die Zukunft schaffst.

Nun ist es auch wichtig, dass Sie Ihr Investment pflegen. Es reicht nicht, dass Sie die Aktie in Ihrem Depot parken und halten. Wichtig ist nun, dass Sie sich auch für den Kursverlauf interessieren. So finden Sie heraus, ob sich Ihr Investment nach Ihren Wünschen entwickelt.

Doch nicht nur den Kurs selbst, sondern auch die Branche sollten Sie gut im Auge behalten. Lesen Sie Magazine und Pressemitteilungen. Falls ein drohender Einbruch in jener Branche bevorsteht, in welche Sie investiert haben, ist vielleicht nun noch ein gute Punkt zu verkaufen. Bleiben Sie am Ball und verfolgen Sie auch jetzt noch Quartalsberichte und Präsentationen. Sehen die Prognosen sehr rosig aus, können Sie auch überlegen, weitere Aktien nachzukaufen.

Zuletzt müssen Sie auch den perfekten Zeitpunkt finden, um die Aktie wieder zu verkaufen. Dies gestaltet sich häufig als das schwierigste Unterfangen. Ist die Aktie drastisch gefallen, und sehen auch die Prognosen nicht besser aus, ist es vielleicht Zeit, um sich von der Aktie zu trennen. Nur so können Sie einen eventuellen Totalverlust verhindern. Ist die Aktie jedoch enorm gestiegen, so ist es ebenfalls ratsam, diese jetzt zu verkaufen. Sie können auch einen Teil der Aktien verkaufen und so zumindest einen sicheren Gewinn verbuchen. Halten Sie sich immer vor Augen, dass eine Aktie nie ins Unendliche steigen wird. nach jeder Kurssteigerung folgt beinahe unweigerlich auch ein Fall.

Seien Sie also niemals gierig. Dies ist die größte Gefahr. Haben Sie bereits einen ordentlichen Gewinn erzielt, so verbuchen Sie diesen am besten und verkaufen. Warten Sie nicht auf noch bessere und bessere Ergebnisse. Dieser Schuss geht meist nach hinten los.

Auch sollten Sie niemals Aktien nachkaufen, obwohl diese bereits enorm gestiegen sind. Akzeptieren Sie, dass Sie den besten Einstieg verpasst haben und suchen Sie nach einer neuen Aktie. Auf dem Aktienmarkt gibt es tausende Möglichkeiten, das sollten Sie sich nicht an einer einzelnen Aktie verbeißen.

# RÜCKBLICK AUF BEREITS GELESENES

Zu Beginn haben wir aufgezeigt, warum es gerade für Frauen so wichtig ist, die eigenen Finanzen in die Hand zu nehmen. Bevor wir weiter zu anderen Anlagemodellen schreiten und auch einige Beispiele bringen, wollen wir die wichtigsten Punkte noch einmal wiederholen.

Gerade vor der Altersarmut gilt es sich zu schützen. Frauen haben in der Regel ein niedrigeres Einkommen und erhalten später auch niedrigere Renten. Im Alter jedoch werden die Kosten nicht weniger. Mieten und Lebenserhaltungskosten steigen mit der Inflation und zudem haben Frauen eine höhere Lebenserwartung als Männer. Frauen sollten daher eigentlich einen noch größeren Polster an Erspartem aufweisen können.

Egal ob lange Mutterzeiten oder Arbeitslosigkeit, weil sich ab einem Alter von 45 Jahren vielleicht noch schwieriger eine neue Arbeitsstelle finden lässt - dies alles sind Punkte, welche die Rente zusätzlich schmälern und ein Indiz für Altersarmut sind. Im nächsten Kapitel möchten wir auf ein weiteres Modell der Anlageformen eingehen, die genau dieses Schicksal verhindern sollten.

## Investieren in Kryptowährung - ist das schlau?

Spätestens seit dem enormen Rise and Fall des Bitcoins hat schon jeder über Kryptowährungen gehört. Hierbei handelt es sich um virtuelle Währungen und der Bitcoin ist nur der berühmteste Vertreter. Zur Zeit sind weltweit etwa 2080 Kryptowährungen auf dem Markt, die sich ebenso wie Aktien handeln lassen. Diese virtuellen Währungen werden jedoch nicht an den Börsen, sondern an den Exchanges gehandelt. Zu den besten Exchanges zählen hier Binance, Bibix, Kucoin, Bitforex, Hotbit, Cobinhood, Cryptopia, Coinexchange, Trade.io, Altcoin.io und viele mehr.

Auch hier kann ein eigenes Portfolio angelegt werden, welches sich aus den unterschiedlichsten Coins zusammensetzt. Hier gibt es die unterschiedlichsten Möglichkeiten, Geld anzulegen und zu vermehren. Die einfachste und beliebteste Variante ist, die einzelnen Coins günstig einzukaufen, auf Kursgewinn zu warten und wieder zu verkaufen. Dies funktioniert unkompliziert auf den jeweiligen Exchanges und der Gewinn kann direkt von den Exchanges auf ein verknüpftes Konto ausbezahlt werden.

In der heutigen zeit ist es auch eine Überlegung wert, ob Frau nicht den ein oder anderen Bitcoin kaufen sollte. Dieser Urcoin verzeichnete im Jahre 2010 einen durchschnittlichen Wert von 0,39 Dollar. Wer den Kurs etwas beobachtet hat, der konnte mitverfolgen, wie dieser Coin im Jahr 2017 auf mehr als 17.500 Dollar kletterte. Heute pendelt sich der Bitcoin bei 3.500 Dollar ein. Viele nutzen den relativ niedrigen Kurs nun, um diesen Coin zu kaufen und auf einen erneuten enormen Kursanstieg zu spekulieren. Wie sich dieser Coin entwickelt steht in den Sternen.

Absolut unrentabel gestaltet sich im Moment das Mining. Auf vielen Webseiten und in Ratgebern ist das Bitcoin Mining immer noch unter den Top 10 für Methoden zur Geldanlage. Ab dem Jahr 2018 wurde das Bitcoin Minig jedoch absolut unrentabel und kann nicht als Anlage-Methode empfohlen werden.

Wie auch beim handeln mit Aktien kann bei Kryptowährungen ein sogenanntes Muster-Depot angelegt werden. Hier können Sie ohne finanziellen Einsatz ein Gespür für die Materie erhalten und sich einen Überblick verschaffen. Auch wenn es im Augenblick noch viele Skeptiker bezüglich der virtuellen Währungen gibt, gerade hinsichtlich der neuen Fintech Banking Technologie sehen die Chancen für diesen Markt vielversprechend aus.

Wer jedoch absolut kein Geld ausgeben möchte, und dennoch Kryptowährungen besitzen will, hat auch hier einige Möglichkeiten. Es gibt zahlreiche Webseiten, de einzelne Aktivitäten mit ihrer eigenen Kryptowährung belohnen. Hier ist der Aufwand schwindend gering und es fallen auch keinerlei Kosten an. Natürlich haben diese Währungen zum jetzigen Zeitpunkt auch keine große Wertschöpfung. Betrachtet man jedoch nun wieder die Entwicklung des Bitcoins, so besteht hier absolut Hoffnung.

## Kostenlose Kryptowährung - die Anlage der Zukunft?

### Gratis Webseiten für kostenlose Kryptowährungen

Um hier auch wirklich kostenlos Profit machen zu können, sollten Sie, wenn Sie von einem ähnlichen Angebot hören, die Webseite auch ausgiebig studieren. Es sollte sich um kein reines Affiliate Programm handeln. Viele dieser Webseiten leben natürlich von Weiterempfehlungen und bieten dafür sogenannte Vergütungen und Bonis an. Dies kann für den einen oder anderen zwar nett sein. Wenn Sie zum Beispiel von einem Projekt sehr überzeugt sind, spricht ja auch nichts dagegen, dieses weiterzuempfehlen und sich dafür belohnen zu lassen. Dazu erhalten Sie von den jeweiligen Seiten nach der Registrierung einen sogenannten Reflink. Diesen können Sie teilen, weitersenden und jedesmal, wenn sich jemand mit diesem Link ebenfalls auf der Webseite registriert, erhalten Sie zusätzlich einen kleinen Bonus. Wir sind hier jedoch auf der Suche nach Webseiten für kostenlose Kryptowöhrungen, bei welchen Sie die Seite an niemanden empfehlen müssen und trotzdem kontinuierlich virtuelle Währung erhalten. Die nachfolgenden Webseiten müssen Sie lediglich besuchen und verwenden. Je nach Modell werden Sie für den Besuch oder die Benutzung in virtuellen Währungen bezahlt. Diese sind in der Regel aktuell nicht viel Wert, die Chance für einen Kursanstieg besteht hier jedoch immer. Sie können dazu auf Coinmarketcap auch die einzelnen Coins suchen und so anhand der Charts sehen, wie viel diese in den letzten Wochen, Monaten oder Jahren zugelegt oder auch verloren haben. Diese Seiten bedeuten für Sie wenig bis gar keinen Aufwand, lassen sich in den üblichen Alltag einbauen oder machen sogar Spaß. Dafür bezahlt werden klingt doch nicht schlecht, oder?

## Steemit - die Alternative zu sozialen Netzwerken wie Facebook, Twitter und Co

Wenn Sie gerne bloggen oder viel Zeit auf Facebook und Co verbringen, dann könnte Steemit sehr interessant für Sie sein. Hierbei handelt es sich um eine Social-Media Blogging Plattform, die sich auf Basis der Blockchain etabliert hat.

Hier können Sie sich einfach anmelden und einen Account erstellen. Nach der Bestätigung können Sie auch schon loslegen und mit dem Posten beginnen. Sie können Blogs veröffentlichen, Photos hochladen, kurze Geschichten erzählen oder Memes teilen. Der Vorteil gegenüber Facebook und Co ist, für Ihre Postings auf Steemit werden Sie unter gewissen Voraussetzungen mit der virtuellen Währung Steemit belohnt. Diese Voraussetzungen sind, jemand muss ihren Beitrag mit einem Like versehen oder teilen. Pro Like erhalten Sie für eine Periode von einigen vorgegebenen Tagen die eigene Kryptowährung dieser Webseite. Diese können Sie sich jederzeit auf Ihr Wallet auszahlen lassen und auch in Fiat Geld umtauschen.

Hier ist es natürlich wichtig, dass Sie zuerst Follower und Freunde finden. Zu Beginn sollten Sie verschiedenen Mitgliedern folgen und deren Beiträge liken. So generieren Sie eigene Follower und Freunde. Mit ihren eigenen Likes erhalten die gelikten Beiträge einen kleinen Betrag. Für ein Relike werden dann wiederum Sie mit Steemit Coins bezahlt. Zusätzlich sollten Ihre Beiträge natürlich interessant, lustig, spannend oder informativ sein. Ihr aktuelles Guthaben können Sie jederzeit in Ihrem Wallet einsehen.

Steemit ist in zahlreiche Kategorien unterteilt. Von Kochrezepten über Tiere, Reisen, Literatur, Wissenschaft und vieles mehr sind hier alle erdenklichen Themen vertreten. Auch wenn Sie zu Beginn nicht selbst bloggen möchten, es ist spannend, sich durch die große Anzahl der Beiträge zu schmökern. Die meisten Artikel auf diese Social-Media Plattform sind in englischer Sprache verfasst, es sind jedoch auch zahlreiche deutschsprachige Beiträge und auch Artikel in den unterschiedlichsten Sprachen zu finden. Diese Plattform ist international und wächst beinahe täglich. Für die Weiterempfehlung wird man hier jedoch nicht belohnt. Virtuelle Währung gibt es ausschließlich für die erhaltenen Likes der selbst verfassten Beiträge.

Auch wenn Sie zu Anfang garantiert nur mit klitzekleinen Cent-Beträgen entlohnt werden, mit der Zeit können Sie hier ein ganz ordentliches, zusätzliches Einkommen generieren. Es gibt hier Blogger mit einer riesigen Fangemeinde, die umgerechnet für einen veröffentlichen Beitrag einige hundert Dollar erhalten. Doch auch wenn Sie nur wenige Dollar oder Cents erhalten, alles ist besser als nichts. Halten Sie sich immer Großmutters Sprichwort vor Augen, dass man den Kreuze nur wert ist, wenn man auch den Pfennig ehrt.

Sie können auf Steemit nicht nur veröffentlichen, liken und teilen, sondern auch kommentieren. So können wie auch auf anderen sozialen Netzwerken schöne, wenn auch virtuelle Freundschaften entstehen. Wenn Sie also gerne schreiben und Ihre Künste und geistigen Ergüsse teilen, dann ist diese Webseite garantiert das Richtige. Es kostet nichts, außer etwas Zeit, um die Beiträge zu erstellen. Wenn Sie ehrlich zu sich selbst sind, ist es sogar besser, die Zeit auf einer Webseite zu verbringen, auf der Sie bezahlt werden. Wenn Sie auch Ihre Freunde dazu bringen, sich auf Steemit anzumelden, dann vergrößern Sie Ihren Kreis der Follower und können sich in einer gewohnten Gruppe bewegen. Einen Versuch ist dies allemal wert. Zum jetzigen Zeitpunkt ist die virtuelle Währung dieser Webseite etwa 28 Cent wert. Dieser steigt und fällt natürlich mit Angebot und Nachfrage.

Auf jeden Fall können Sie später das kostenlos erworbene Geld in andere Projekte investieren. Sie müssen dabei nicht auf Ihr eigenes Kapital zurückgreifen und können somit auch vielleicht das ein oder andere riskanter oder gewagtere Investment wagen.

## Presearch - die Alternative zu Google und Co

Auch hier handelt es sich um eine auf der Blockchain basierende Webseite. Presearch ist eine Suchmaschine, die Sie genauso wie Google nutzen können. Auch hier können Sie sich absolut kostenlos anmelden und diese Suchmaschine in Zukunft verwenden. Für jede einzelne Suchanfrage werden Sie hier in Folge mit der eigenen virtuellen Währung dieser Webseite belohnt. Zum jetzigen Zeitpunkt steht der Wert dieses Coins bei knapp 3 Cent. Auch dieser Presearch Coin ist Kursschwankungen unterlegen. Angebot und Nachfrage bestimmen hier den Wert.

Wenn Sie häufig Suchmaschinen benutzen, ist dies eine gute Alternative. Presearch kostet nichts, bietet dieselben fundierten und personalisierten Auskünfte und punktet mit der zusätzlichen Belohnung. Es ist kein zusätzlicher Aufwand für Sie. Anstatt zu googlen gewöhnen Sie sich lediglich an, nach den gewünschten Themen zu presearchen.

## Bitradio - der alternative Radiosender

Bitradio ist ein auf der ganzen Welt vertretenes Webradio auf Basis der Blockchain Technologie. Hier müssen Sie sich lediglich auf der Seite Bitrad.io kostenlos registrieren und schon können Sie eine Vielzahl unterschiedlicher Radiosender hören. Wenn Sie also viel Radio hören, ist dies ein attraktives Angebot, denn hier werden Sie pro Minute und Stunde für das Radiohören vergütet.

Zur Zeit können Sie zwischen mehr als 30.000 unterschiedlichen Radiostationen wählen. Sämtliche Musikrichtungen sind hier vertreten. Ob Klassik, Punk, Rock, Soul, Hip-Hop oder Schlager, auf Bitradio finden Sie garantiert Ihren Lieblingssender. Das Hören wird mit den eigenen virtuellen Coins, den sogenannten Bitradiocoins belohnt. Diese können Sie später gegen Bitcoins eintauschen. Die Bitcoins können Sie halten und auf Wertsteigerung hoffen, oder jederzeit gegen Fiat Geld eintauschen. Zudem sind die einzelnen Radio-Stationen in vielen Sprachen zu empfangen, da es sich bei Bitradio um ein internationales Projekt handelt. Es ist auf jeden Fall sinnvoll, wenn zu Hause ohnehin der Radio den ganzen Tag läuft. Warum also nicht fürs Musik hören bezahlen lassen. Es gibt garantiert härtere Methoden um Geld zu verdienen.

## Zahlreiche Alternativen im Anmarsch

Da wir erst am Anfang dieser neuen Technologie stehen, entstehen natürlich permanent Webseiten, wie die oben beschriebenen. Diese sind im Moment in der Alpha oder Beta Phase und versuchen bekannt zu werden. Auch hier handelt es sich um Alternativen zu Internet Plattformen oder sozialen

Medien. Sie werden damit nicht von einem auf den anderen Tag reich. Mit etwas Glück aber gewinnt dieses Projekt schnell an Beliebtheit und Sie können davon profitieren. Denken Sie einfach zurück, vor einigen Jahrzehnten hätte niemand gedacht, wie populär das Internet wird. Auch Google oder Facebook hätte man vor Jahren nicht zugetraut, welch enorm hohen Marktwert diese Firmen erreichen. Heute gehören die Gründer von Google, Facebook und Co zu den reichsten Menschen der Welt. Wenn man zu Beginn einen Anteil dieser Firmen für einen minimalen Betrag erstanden hat, hat sich dieser in der Zwischenzeit unglaublich vermehrt. Firmen wie diese wird es immer wieder geben und nur wer den neuen Technologien und Projekten sowie Start-ups eine Chance gibt, hat auch die Möglichkeit am späteren Erfolg mit partizipieren zu können.

Eines haben diese Plattformen gemeinsam. Sie basieren auf der Blockchain Technologie und belohnen die Besucher und User mit den eigenen Coins. Wie hoch deren Kurs in Zukunft steigen wird, lässt sich natürlich im Voraus nicht prognostizieren. Wenn Sie jedoch gefallen an dieser Materie gefunden haben, dann können Sie auch diese Webseiten besuchen. Die bekanntesten sind zur Zeit Minds, Yours, WildSpark, LBRY, Bitchute, DTube und Akasha.

## Wovon Sie die Finger lassen sollten

Bei dieser Vielzahl an Anbietern gibt es auch schwarze Schafe. Daher ist es wichtig, dass Sie nur auf Seiten vertrauen, bei welchen Sie sich absolut kostenlos anmelden können. Recherchieren Sie gut, ob Folgekosten bestehen. Auf keinen Fall sollten Sie auf einer dieser Webseiten Ihr Bitcoin Konto veröffentlichen. Und niemals dürfen Sie Ihren sogenannten Private Key bekanntgeben.

Vertrauen Sie vor allem auf Ihren Hausverstand. Wenn Sie im Vorfeld Geld investieren sollten, um dafür Gratis-Coins zu erhalten, lassen Sie am besten die Finger davon. Das Internet ist voll mit weitaus lukrativeren Angeboten. Hier entstehen täglich Webseiten von Glücksrittern, die mit Hilfe der Blockchain Technologie und der neuen Begeisterung der Menschen Geld machen möchten. In den meisten Fällen handelt es sich jedoch um Scams, also Betrug. Verlieren Sie nie aus den Augen, dass Sie Geld generieren möchten und nicht in dubiose Projekte stecken wollen.

## Airdrop - eine weiter Möglichkeit für kostenlose Kryptowährung

Airdrop kommt aus dem Englischen und bedeutet übersetzt soviel wie Luftabwurf. Hier lässt sich auch schon die Bedeutung erkennen. Hierbei wirft ein Herausgeber eines Coins seine neuen virtuellen Währungen ab und verteilt sie unter den Teilnehmern. Die Empfänger erhalten somit Coins oder Token völlig kostenlos. Diese kostenlosen Airdrops dienen zu Werbemaßnahmen.

Airdrops können Sie auf eine Vielzahl an Arten erhalten. Sie können sich zum Beispiel für bestimmte Newsletter zu einem neuen Kryptoprojekt anmelden. Hier geben Sie Ihre öffentliche Ethereum Wallet Adresse bekannt und schon kann es los gehen. Keine Angst, diese öffentliche Adresse können Sie bedenkenlos bekannt geben. Dies kann nur zum Empfangen verwendet werden. Die kostenlosen Coins werden von nun an in gewissen Abständen automatisch verteilt. Diese kostenlosen Coins und Token können in kürzester Zeit eine große Wertsteigerung erlangen. Andere wieder befinden sich im Centbereich.

Es entstehen pausenlos neue Webseiten, welche Airdrops anbieten. Am besten informieren Sie sich auf sogenannten Airdrop-Review Seiten, welche Anbieter gerade neu auf dem Markt sind. Auf diesen Webseiten werden Sie auch informiert, wenn neue lukrative Airdrops im Anmarsch sind.

AlertAirdrop ist ebenfalls eine Plattform, auf welcher Sie beinahe täglich gratis Tokens und Coins erhalten können. CoinAirdrops ist ebenfalls eine Webseite, die über Krypto-Airdrops informiert. Hier erhalten Sie sehr übersichtlich Auskunft über die neuesten Airdrop Projekte und werden auch über die Anforderungen informiert, die Sie erfüllen müssen, um diese zu erhalten. Auch auf AirdropAddict erhalten Sie viele wertvolle Informationen zu Airdrops. Der Pluspunkt dieser Webseite ist ein Countdown, damit Sie die neuesten Projekte nicht verpassen.

Ebenfalls viele Informationen erhalten Sie auf speziellen Kanälen auf Twitter oder Telegram. Auf Twitter können Sie nach dem Kanal Krypto Airdrops suchen und der Telegram Kanal nennt sich ERC20 Airdrops. Auch auf Steemit und in vielen Krypto Foren wird immer wieder über besonders spannende, neu aufkommende Airdrops diskutiert. Wer interessiert an virtuellen Währungen ist, der sollte sich diese

Chance auf kostenlose Coins nicht entgehen lassen. Diese können später in Bitcoins oder Fiat Geld getauscht werden.

# DAS KLEINE KRYPTO ABC

Nun haben Sie schon eine erste Einführung in die Welt der Kryptowährungen erhalten. Nun ist es an der Zeit, die wichtigsten Begriffe rund um Coins, Token und Bitcoin zu erklären. Dies dient als solide Grundlage. In einem der nächsten kapitel erfahren Sie, wie Sie Ihr Geld auch mit Kryptowährung anlegen und vermehren können. Auch hier sollten Sie sich stets den Risiken bewusst sein. Wie bei Aktien können auch hier die Kurse ohne Vorzeichen ins Bodenlose rutschen. Mit ausgeklügelten und intelligent durchdachten Strategien können Sie aber auch in diesem Bereich das Beste aus Ihrem Geld holen.

Wichtig ist, dass Sie sich, wie auch mit den Begriffen der Börse, vertraut machen. So verlieren Sie rasch die Scheu vor den virtuellen Währungen. Zudem stärkt es das Selbstbewusstsein, wenn auch Sie bald mitreden können, wenn über Forks, Wallets und Altcoins gesprochen wird.

Accumulation ist der Begriff dafür, sehr viele Coins zu einem besonders günstigen Preis einzukaufen.

Airdrops sind die kostenlosen Token und Coins, die wir im vorherigen Kapitel ausgiebig behandelt haben.

ATH ist die Abkürzung für All Time High und besagt, dass der Coin seinen bisherigen Höchststand erreicht hat. Auf Deutsch wird dies auch als Allzeithoch bezeichnet.

Altcoins sind alle virtuellen Währungen außer dem Bitcoin. Sämtliche anderen Währungen werden als alternative Währungen zum Bitcoin bezeichnet.

Arbitrage ist eine bestimmte Form des Tradings. Hierbei werden die unterschiedlichen Börsen verglichen. Die Kurse sind nicht immer auf allen Börsen gleich. Somit können Sie auf einer Börse kurzfristig billig einkaufen und auf der nächsten Börse sofort wieder zu einem leicht höheren Betrag wieder verkaufen.

Als Addy wird umgangssprachlich die öffentliche Wallet Adresse bezeichnet. Diese wird benötigt, wenn Sie von jemandem Geld gesendet bekommen. Es ist etwa mit einer Kontonummer vergleichbar.

Ein ASIC ist eine Application Specific Integrated Circuit. Dabei handelt es sich um Mining-Geräte, die für spezielle virtuelle Währungen verwendet werden.

Auch beim Traden mit Kryptowährung ist der Ask der Betrag, für welchen Marktteilnehmer ihre Coins verkaufen möchten.

Bei einem Atomic Swap handelt es sich um einen Tausch von Token, die sich auf zwei unterschiedlichen Blockchains befinden. Dieser wird zu einer zuvor festgelegten Rate, jedoch ohne Börse und Exchange durchgeführt.

Als Bag Holder wird jemand bezeichnet, der den Verkauf eines Coins verpasst hat und diesen nun nicht zu einem schlechten Kurs verkaufen möchte. Ein Bag Holder ist somit ein Besitzer von wertlosen Coins.

Der Bärenmarkt ist auch hier wie bei der Börse die Bezeichnung für einen fallenden Markt.

Die Block Reward ist beim Mining die Belohnung, die ein Miner für einen neu gefundenen Block erhält.

Binance ist eine der größten und wichtigsten Krypto-Börsen.

Der Bid ist jener Betrag, zu welchem die Marktteilnehmer den jeweiligen Coin kaufen möchten.

Der Bitcoin ist der Ursprung aller Kryptowährungen. Er wurde von Satoshi Nakamoto erfunden und soll als Alternative zur herkömmlichen Fiat Währung weltweit gelten. Der Bitcoin ist zur Zeit noch die stärkste virtuelle Währung, hat jedoch auch enorme Höhen und Tiefen hinter sich - und garantiert auch noch vor sich.

Bitcointalk ist ein großes und beliebtes Forum rund um Kryptowährungen. Hier können Sie sich jederzeit aktuelle Informationen besorgen.

Bitfinex ist ebenfalls eine beliebte Crypto-Börse.

Die Blockchain ist jene Technologie, auf welcher die virtuellen Währungen basieren. Dabei handelt es sich um eine stets erweiterbare Liste. Auf ihr werden die sogenannten Blöcke aneinander gefügt. Jeder Block wird sicher und für die Ewigkeit eingebunden und mit Zeitstempel und Transaktionsdaten versehen.

Blox ist eine beliebte App, anhand der Sie die aktuellen Kurse der virtuellen Währungen abfragen können.

Bounty wird die Bezahlung genannt, die von ICO`s bezahlt werden, um Bugs zu finden, Dokumente zu übersetzen und die ICO`s selbst zu bewerben.

Ein Breakout ist die Bezeichnung für einen plötzlichen und extrem starken Preisanstieg. Oft wird auch ein ebenso rapider Preisverfall als Breakout bezeichnet.

BTC ist die Abkürzung für Bitcoin. Jede einzelne Kryptowährung hat eine eigene Abkürzung.

Als Blase bezeichnen viele Skeptiker den Kryptomarkt generell. Explizit besagt eine Blase jedoch, dass der Marktwert deutlich über dem eigentlichen und realen Wert liegt. Häufig hört man in diesem Zusammenhang, dass die Blase platzen wird. Damit ist gemeint, dass die Preise rapide sinken werden.

Der Bullenmarkt ist ein Markt mit steigenden Preisen.

Burning heißt übersetzt verbrennen. Damit ist gemeint, wenn Kryptowährungen an eine Adresse geschickt werden, die nicht kontrolliert wird. Das Geld kann somit nicht behoben werden und ist für immer verloren. Daher ist es so wichtig, den eigenen Private Key immer doppelt und dreifach abzusichern, denn ohne diesen ist das Konto nicht mehr zugänglich.

CMC ist die Abkürzung für Coinmarketcap. Auf dieser Seite sind alle Kryptowährungen mit dem aktuellen Kurs und der Rangliste für die Marktkapitalisierung angegeben.

Coinbase ist eine bekannte Kryptobörse. Sie ist besonders bei Einsteigern sehr beliebt, da sie mit einer großen Benutzerfreundlichkeit punktet.

Als Coins werden generell alle Kryptowährungen bezeichnet.

Ein Cold Storage ist zum Beispiel ein sogenanntes Paper Wallet. Das Wallet und besonders der Private Key ist nur schriftlich in Papierform verfügbar. Es gilt als besonders sicher, da dieser Key nie im Internet aufgetaucht ist.

Als Crash wird sowohl auf dem Kryptomarkt, als auch an der Börse ein starker Preisabfall bezeichnet.

Darknet ist jenes Internet, welches einen zweifelhaften Ruf hat und von vielen Kriminellen genutzt wird, da es behördlich kaum kontrolliert werden kann. Kryptogegner denken, die virtuellen Währungen wurden nur deshalb erfunden, um im Darknet illegale Produkte erstehen zu können.

Dezentralisiert bedeutet, es wird nicht vom Staat oder den Banken kontrolliert. Die meisten Blockchains und Kryptowährungen sind dezentralisiert und werden von keiner Autorität überprüft. Sämtliche Teilnehmer kontrollieren die Blockchain. Dadurch ist diese auch im Normalfall nicht zu hacken und gilt als besonders sicher.

Auf der Depth Chart werden Bid und Ask Angebote grafisch dargestellt.

Dumpen bedeutet eigentlich nur verkaufen. Meist wird damit jedoch besagt, dass große Investoren, sogenannte Wale, enorme Mengen verkaufen und so einen Preisverfall herbeiführen.

ERC 20 Token sind Token, die auf der Ethereum Blockchain basieren. Meist werden ICO`s auf diese Weise gestellt.

Als Escrow wird ein Treuhänder bezeichnet. Dieser wird zwischengeschaltet, wenn große Transaktionen durchgeführt werden sollen. Er hilft, dass Kauf und verkauf reibungslos ablaufen.

ETF`s sind Exchange Traded Funds, somit Fonds, die an der Börse gehandelt werden.

ETH ist die Abkürzung für Ethereum, die noch zweitgrößte Kryptowährung hinter dem Bitcoin. Der Gründer dieser

Währung ist Vitalik Buterin. Er gilt als eine Choriphäe in der Blockchain Technologie.

Die Exchange ist die Börse für virtuelle Währungen. Hier kann gehandelt, eingekauft und verkauft werden.

Durch ein sogenanntes Faucet sind kostenlose Coins erhältlich. Um an die kostenlosen Coins zu gelangen müssen Sie sich anmelden, registrieren und eine leichte Aufgabe, meist einen Captcha lösen.

Eine Fee ist jene Gebühr, die für Transaktionen bezahlt werden muss.

Fiat Geld ist unser herkömmliches Geld. Ob Dollar, Euro oder Pfund, alle Währungen diese Welt, die von Staaten ausgegeben werden, fallen unter diesen Begriff.

Ein Flash Crash ist ein rapider Preisabfall, der meist jedoch nur wenige Minuten andauert.

FOMO ist die Abkürzung für Fear of missing out. Damit ist gemeint, Trader haben Angst etwas zu verpassen. Sei es den perfekten Zeitpunkt für einen Kauf oder einen Verkauf.

Als Fork wird eine Abspaltung der Blockchain bezeichnet. Während einer Hardfork oder Softfork werden Regeländerungen durchgeführt und es kommt zu einer neuen Kryptowährung.

Als Gainz wird der Gewinn im Bereich Kryptowährungen bezeichnet.

HODL ist ein beliebter Begriff, auf den Sie immer wieder stoße werden. Er bedeutet, eine Währung zu halten. Dieser

Begriff entstand aus einem Tippfehler heraus und ging sofort viral um die Welt.

ICO ist die Abkürzung für Initial Coin Offering. Mit einem ICO erhält man Coins als Anteile an einem Projekt und hilft dabei, es zu finanzieren. Im weitesten Sinne können ICO`s auch als Crwodfunding bezeichnet werden. Viele ICO`s haben eine gute Möglichkeit, im Kurs hoch zu steigen.

IOTA ist eine Kryptowährung, die nicht auf der Blockchain basiert. Dieser Coin ist eng mit dem Internet der Dinge, auch Internet of things, verbunden.

IPO steht für Initial Public Offering. Dies ist das Börsen-Gegenstück zum ICO. Anstatt der Coins erhält man hier direkt Anteile am Unternehmen.

Als Mining Fee wird häufig auch die Transaktionsgebühr bezeichnet.

Mineable ist die Bezeichnung für einen Coin, der durch mining erzeugt oder gesichert wird.

Peer to Peer ist eine Aktion, die von Teilnehmer zu Teilnehmer, ohne Zwischenhändler abgewickelt wird.

PND ist die Abkürzung für Pump and Dump. Hierbei kaufen finanzstarke Investoren zur gleichen Zeit eine große Menge an Coins. Der Wert steigt dadurch und alle verkaufen am Höhepunkt zur gleichen Zeit wieder. Dadurch wird ein extremer Preisabfall herbeigeführt. Dies gilt nicht nur als Betrugsmasche, sondern auch als moralisch verwerflich.

Ponzi Schemen sind betrügerische Systeme. Hier werden zum Beispiel ICO`s verkauft, die für kein legitimes Geschäft stehen. Die Initiatoren sammeln mit Hilfe toller Versprechen Geld ein, um danach von der Bildfläche zu verschwinden.

POS bedeutet Proof of Stake, eine Variante, um Coins zu generieren.

POWbedeutet Proof of Work und ist eine Variante um Coins zu generieren.

Der Private Key besteht aus eine Zeichenfolge und ist sozusagen der Schlüssel und die Kontonummer für das Krypto-Wallet. Ohne diesen Key kann von keinen Konto Geld versendet werden. Wenn Sie Ihren Private Key verlieren, gehen auch die Coins verloren, da Sie nun keinen Zugriff mehr haben. Auch dürfen Sie den Private Key niemals einem Dritten verraten. Vergleichbar mit dem PIN der EC-Karte.

Der Public Key dient allen, um Geld an eine Adresse zu versenden. Ihr Public Key ist sozusagen die öffentliche Kontonummer. Diese dürfen Sie weitergeben, da damit nichts an ihrem Konto manipuliert werden kann.

Rekt bedeutet vernichtet und bezeichnet jemanden, der sein gesamtes Investment verloren hat. Dies kann durch plötzliche Kursverluste passieren.

ROI ist die Abkürzung für Return of Investment. Es bezeichnet die Zeitspanne, die Sie benötigen, um Ihr investiertes Kapital wieder zurück zu erhalten. Nach dem ROI kann mit dem Gewinn begonnen werden.

Ein Satoshi ist die kleinste Einheit eines Bitcoins. Sie werden auch gerne als SAT`s abgekürzt.

Scam bedeutet Betrug. Bevor Sie in ein Projekt investieren sollten Sie genau recherchieren. Dazu lesen Sie am besten sämtliche Reviews im Internet. Wenn hierzu häufig das Wort Scam auftritt, sollten Sie die Finger davon lassen, egal wie lukrativ das Projekt auch klingen mag.

Die SEC, die Securities and Exchange Commision ist eine amerikanische Börsenaufsichts-Behörde, welche Anleger vor Betrügereien bewahren soll.

Seed Words sind die Eselsbrücke, um den private Key abzurufen. Auch diese sollten Sie niemals an Dritte weitergeben.

Shillen bedeutet, bewusst Werbung für einen speziellen Coin, ICO oder ein Projekt zu machen. Shillen ist eine meist bezahlte Marketing-Strategie.

Als Shitcoin werden Coins mit sehr kleinem Wert und wenig bis gar keinen Nutzen bezeichnet. Doch auch diese Coins können sich mit der Zeit positiv entwickeln.

Smart Contracts sind Verträge die auf der Blockchain-Technologie basieren. Diese sind wie die Blockchain selbst, nicht veränderbar.

Als Spread wird der Unterschied zwischen Angebot und Nachfrage bezeichnet.

Stable Coins sind Coins mit einem stabilen Wert.

Als Supply wird die Anzahl der Coins bezeichnet, die am Markt im Umlauf sind.

Als Tickersymbol werden die Abkürzungen der einzelnen Kryptowährungen bezeichnet.

Ein Token ist ein Coin, der nicht auf der Blockchain produziert wird. Diese werden meist mittels Smart Contracts generiert.

Ein Whitepaper ist ein Dokument, welches die Details eines Projektes und die technischen Details genau beschreibt. Es kann im weitesten Sinne mit einem Business-Plan verglichen werden.

Nun haben Sie die wichtigsten Bezeichnungen kennengelernt und Sie werden sich nun garantiert sofort wohler fühlen, wenn Sie sich mit der Materie Kryptowährungen befassen. Wir haben versucht, die Begriffe sehr einfach zu erklären. Im Laufe des nächsten Kapitels kommen Sie sicher noch mit dem ein oder anderen neuen Begriff in Kontakt.

## Was ist Fintech Banking

Diesen Begriff werden Sie in der heutigen Zeit immer öfter hören und lesen. Doch worum dreht sich diese neue Art des Bankings. Hat es Vorteile und ist es sicher? Auf diese Themen möchten wir nun in diesem Kapitel eingehen.

Der FinTech Markt ist ein relativ neuer Markt, der sich ständig verändert. Generell handelt es sich um ein neues Finanzwesen, welches die neuen und alten Methoden des Bankings verbindet und die Vorteile beider verbindet. FinTech bezeichnet kurz und knapp sämtliche Varianten der technologisch weiterentwickelten Finanz-Innovationen. Sämtliche Aktivitäten im Finanzbereich sollen dadurch erleichtert, verbessert und schneller gemacht werden. Darunter fallen neue Online Banken, die mit Community Banking punkten. Im Vordergrund stehen hier rasche Überweisungen von Smartphones oder dem Laptop aus. Auch Crwodfunding Projekte, Cashback Projekte und vieles mehr werden von zahlreichen FinTech Star-ups geboten. Wichtig ist hier, dass Sie nach einem Unternehmen suchen, dass auch eine tatsächliche Banklizenz besitzt. Viele dieser FinTech Banken benötigen keine Banklizenz und werben damit, dass Sie sich und die Konsumenten damit von der staatlichen Überwachung befreien. Im Endeffekt aber sollten Sie sich für FinTech Produkte und Firmen mit Banklizenz interessieren. Nur diese bieten einen hohen Standard und eine gewisse Sicherheit.

## Das richtige Traden, nicht nur mit Kryptowährungen

Die Grundvoraussetzungen für ein erfolgreiches Traden an Börsen und Exchanges sind angeeignetes Fachwissen, Recherchen und bedachtes Handeln. Bevor Sie an der Börse oder auf den Exchanges Ihr Glück versuchen, sollten Sie sich gewisse Angewohnheiten antrainieren. Man spricht hier vom sogenannten Mindset. Dieser ist unter anderem dafür verantwortlich, dass Sie keine Kurzschlusshandlungen unternehmen und auch in Krisen und bei Fehlentscheidungen die Nerven bewahren. Diese idealen Habits, also die Angewohnheiten, helfen Ihnen, einen kühlen Kopf zu bewahren und die angemessene Balance zwischen Mut und Vorsicht zu finden.

Ein bekannter Trainer für Trading Mindset verglich das Handeln an der Börse oder den Exchanges ohne dem angemessenen Verhalten mit dem Autofahren mit verschlossenen Augen. Die Art wie Sie denken, fühlen und handeln, egal ob vor dem Bildschirm während eines Vorgangs oder beim Kontrollieren der Kurse, ist mit entscheidend am zukünftigen Erfolg. Daher wollen wir in diesem Kapitel ganz speziell darauf eingehen. Der perfekte Mindset ist ein ebenso wichtiges Werkzeug, wie das Fachwissen, das sogenannte Know-how. Dieser hilft Ihnen, mit Selbstvertrauen zu traden, und konstante Profite zu generieren.

## Vorurteile über Börse, Exchange und Trading

Dies sind drei wichtige Punkte, die Sie vielleicht bislang vom Traden abgehalten haben. Sie sind nicht von der Hand zu weisen, doch nur, wenn verantwortungslos getraded wird. Natürlich verbleibt auch hier ein Rest-Risiko. Doch das haben Sie auch, wenn Sie Woche für Woche einen Lottoschein für 40 Euro aufgeben und keinen einzigen Gewinn verbuchen konnten.

Viele vergleichen Trading mit Spielen. Doch im Gegensatz zum Glücksspiel lässt sich Trading erlernen und mit ausgeklügelten Strategien können Sie durchaus erfolgreich werden.

Vielleicht dachten Sie bis jetzt, dass Sie für das Traden an der Börse über ein hohes Kapital verfügen müssen. Doch ganz im Gegenteil, hier können Sie schon mit kleinsten Beträgen Profite erzielen. Natürlich richtet sich der Gewinn nach dem Einsatz. Wir werden Ihnen zeigen, wie Sie automatisch und ohne auf das Eigenkapital zurückgreifen zu müssen, die Einsätze Schritt für Schritt erhöhen können.

Vielleicht denken Sie auch, dass Sie zum Traden viel Unterstützung benötigen. Sie haben von Trading-Bots gehört und davon, dass dafür viel Geld ausgegeben werden muss. Doch auch dies ist absolut nicht notwendig.

Natürlich gehört in manchen Fällen auch eine ordentliche Portion Glück dazu. Glück ist zum Beispiel, wenn sich ein Kurs unerwartet hoch entwickelt und Sie einen gewinnbringenden Trade abschließen können, mit dem Sie so nicht gerechnet haben. Generell ist Traden jedoch ein Gesamtpaket aus Übung, Erfahrung und Praxis, welches Sie zum Erfolg bringt.

Auch ist es so, dass es weltweit keinen einzigen Trader gibt, der noch nie Verluste verbuchen musste. Doch mit der perfekten Strategie und mit einem durchdachten Portfolio lassen sich diese Verluste abfangen und ausgleichen. Im Endeffekt haben Sie es hier stehts selbst in der Hand, ob Sie den Verlust einfahren möchten.

Zudem ist es wichtig, dass Sie sich Ziele setzen und diese auch verfolgen. Dies ist auf dem gesamten Weg wichtig, den Sie nun verfolgen wollen und Ihre Finanzen in die eigene Hand nehmen. In diesem Buch bieten wir Ihnen einen Menge Strategien. Es liegt nun an Ihnen, dass Sie sich die für Sie passende Variante heraussuchen.

Hindernisse und Rückschläge sollten Sie nicht vom Weg abbringen. Diese Stolpersteine sollten Sie als Stufen zum Erfolg sehen. Zudem ist es wichtig, die richtige Denkweise zu haben. Denken Sie erfolgreich. Sie sollten sich deutlich vor Augen führen, dass Sie nun in die Gewinnerstraße eingebogen sind, und auch auf dieser verbleiben wollen.

Das wichtigste beim Traden ist, dass Sie sich auch hier einen klaren Zeitplan machen. Egal ob Sie an einem oder mehreren Tagen pro Woche traden möchten, achten Sie darauf, dass Sie dies stets zur gleichen Zeit machen. Dies ist wichtig dafür, dass Sie Ihre eigene Trading-History gut vergleichen können. Nur so können Sie diese später auch optimieren. Das Geheimnis ist, dass der Markt zu den unterschiedlichsten Uhrzeiten spezifische Eigenheiten hat. Denken Sie immer daran, dass die Börse und die Krypto-Exchanges international sind. So können Sie zu jeder Tageszeit auf den unterschiedlichsten Märkten handeln.

Weiter sollten Sie das Traden als Arbeit ansehen. Das bedeutet, setzen Sie sich an den Computer und lassen Sie sich nicht von anderen Dingen ablenken. Auf dem Weg zur finanziellen Unabhängigkeit ist dies besonders wichtig. Sie sollten diese Sache ernst nehmen. Richten Sie sich einen hellen Ort ein, an dem Sie Ihren Computer platzieren. Nehmen Sie sich Zeit und schließen Sie keinen Trade zwischen Tür und Angel ab.

Zudem sollten Sie sich nicht selbst überfordern. Geben Sie sich ausreichend Zeit um zu lernen und zu wachsen. Es ist nur verständlich, dass Sie nicht von heute auf morgen den Überblick über die Märkte erreichen und auch immer wieder bei Fachbegriffen nachschlagen müssen. Disziplin und Routine helfen Ihnen dabei, einen guten Arbeitsrhythmus zu finden.

## Der Weg zur finanziellen Freiheit - die richtige Denkweise

Erfolgreiche Menschen haben eines gemeinsam, sie verfolgen konsequent ihre Ziele. Zudem sollten Sie sich darum bemühen, positiv zu denken. Hören Sie auf, sich ständig über Ihre Situation zu beklagen. Durch Beklagen wird nichts besser. Sie müssen die Situation selbst in die Hand nehmen und verbessern. Nichts ist schlimmer, als sich ständig zu beklagen und dennoch ewig auf dem selben Weg zu verbleiben. Ein gutes Beispiel hierfür ist die Arbeit. Wenn Sie mit Ihrer Arbeit unzufrieden sind, suchen Sie nach neuen Herausforderungen. Es bedeutet nicht, dass Sie sofort kündigen müssen. Doch Sie können sich wunderbar neben der Arbeit schon nach einem neuen Betätigungsfeld umsehen.

Befreien Sie sich von Ängsten und Sorgen und fangen Sie an, dass Sie an sich selbst glauben. Zudem sollten Sie sich nie mit anderen vergleichen. Jeder hat seine eigene Persönlichkeit und seinen eigenen Weg. Natürlich können andere erfolgreicher sein, doch um unabhängig und erfolgreich zu sein, sollten Sie sich nur auf sich selbst fokussieren. Verschwenden Sie die zeit nicht damit nachzudenken, warum sich die Nachbarin ständig neue Klamotten leisten kann und dreimal pro Woche in den Kosmetiksalon geht. Nutzen Sie diese Zeit lieber um zu recherchieren, wie auch Sie mehr aus Ihrem Geld machen können.

Wenn Sie Fehler gemacht haben, verbuchen Sie diesen am besten sofort genau als das was es ist - ein Fehler. Haken Sie die Sache jedoch ab. Das kann eine Fehlentscheidung bei einem Investment sein, ein falscher Trade, zu früh oder zu spät gekauft oder verkauft - deshalb geht jedoch die Welt nicht unter. Lernen Sie aus den Fehlern und versuchen Sie diesen in Zukunft zu vermeiden. Schon ein altes Sprichwort besagt, dass man nur aus Fehlern klug wird. Ein Fehler sollte Sie nie verängstigen oder gar abschrecken. Fehler passieren - immer und überall.

Ein weiterer wichtiger Punkt auf dem Weg zum Erfolg ist Organisation. Achten Sie darauf, dass der Schreibtisch an dem Sie von nun an Ihre Finanzen verwalten ordentlich und strukturiert ist. Im Chaos lässt sich nicht gut arbeiten. Auf dem Weg zum Erfolg und zur finanziellen Freiheit sollten Sie auch keine Ausreden und Entschuldigungen mehr gelten lassen. Bleiben Sie konsequent und verfolgen Sie Ihre Pläne. Halten Sie Ihr Haushaltsbuch übersichtlich und auf dem letzten Stand. Sammeln Sie Rechnungen und tragen Sie diese ein. Vermeiden Sie Aktenberge, sondern arbeiten Sie stets alles rasch ab. In Ihrem Schlafzimmer oder Ihrer Küche wollen Sie doch auch keine Unordnung. Warum also sollte dies nicht auch für Ihre eigenen Finanzen gelten.

Disziplin ist von nun an ein treuer Wegbegleiter. Wenn Sie sich für einen Finanzplan entschieden haben, dann sollten Sie diesen auch konsequent verfolgen. Lassen Sie es nicht einreißen, dass Sie diesen Monat weniger zur Seite legen, weil die tollen Schuhe im Sonderangebot waren, oder weil Sie auf der Hochzeit der Freundin nicht das Kleid vom letzten Jahr tragen wollten. Kleider und Schuhe sind zwar nett, bewahren Sie jedoch nicht vor der Altersarmut. Gewinne sind dazu da, um sie anzusparen, wieder zu investieren und zu vermehren.

Seien Sie trotzdem geduldig mit sich selbst. Sobald Sie den Plan zur finanziellen Unabhängigkeit geschlossen haben, beginnt der Weg erst. Bleiben Sie fokussiert, leben Sie den neuen Lebensstandard und sehen Sie sich auch in Gedanken erfolgreich. Glauben Sie an sich. Wichtig ist zudem, dass Sie stets aufpassen und sämtliche Schritte hinterfragen. Investieren

Sie niemals blauäugig und ohne Überzeugung. Nur wenn Sie absolut hinter der Entscheidung stehen, sollten Sie diese auch durchführen. Sie wissen, dass Sie für jede Entscheidung die Sie getroffen haben, auch selbst verantwortlich sind.

## Wie Sie mit Verlusten umgehen sollten

An der Wallstreet gilt ein Motto: "Lose like a Boss". Das bedeutet, dass Sie den Kopf nicht hängen lassen sollten. Wenn Sie verantwortungsvoll mit Ihrem Kapital umgehen, dann bedeutet ein kleiner Verlust keinen Weltuntergang. Nehmen Sie den Verlust zum Anlass, noch besser zu recherchieren. Suchen Sie die Fehlerquelle und lernen Sie daraus. Schon mit dem nächsten gut abgeschlossenen Trade ist alles wieder ausgeglichen.

Verluste gehören zum Leben. Das Wichtigste ist jedoch, dass Sie öfter gewinnen sollten als zu verlieren. Dies bezieht sich nicht nur auf den finanziellen Aspekt, sondern durch alle Bereiche Ihres Lebens. Kalkulieren Sie mögliche Verluste ein. Ein finanzieller Schachzug oder ein Trade der misslingt dürfen Sie niemals in den Ruin treiben. Man kann es nicht oft genug sagen, investieren Sie nur soviel, wie Sie auch verschmerzen können. Alles andere wäre Spielen und gerade bei einer ernsten Angelegenheit wie der finanziellen Freiheit und Unabhängigkeit hat das Zocken so gar nichts verloren.

Je mehr Erfahrung Sie jedoch haben, um so geringer wird auch das Risiko. Sie erkennen die Trends und können so besser überlegen und auf die eine Aktie oder die ander virtuelle Währung setzen. Bleiben Sie jedoch nie stehen. Auch wenn Sie sich in der Zwischenzeit ein ordentliches Wissen in

Bezug auf Finanzen angeeignet haben, die Märkte entwickeln sich ständig weiter. Auch Sie sollten sich weiterentwickeln, dazulernen und sich weiterbilden. Lesen Sie viel Fachliteratur und bleiben Sie so up-to-date.

## Investieren und Traden ohne Emotionen

Dies ist einer der wichtigsten Tipps, den wir Ihnen auf den Weg zur finanziellen Unabhängigkeit mitgeben können. Lassen Sie Gefühle außen vor. Finanzen sind kühl und genauso sollten Sie auch handeln. Nüchtern und neutral.

Lassen Sie sich niemals von Gefühlen zu einem Investment verleiten. Machen Sie niemals Trades oder Investitionen, wenn Ihr Kopf nicht klar ist. Egal ob Sie müde, traurig, betrunken oder glückselig sind - dies sind Emotionen, die sich mit Investitionen nicht gut vertragen. In der Euphorie schleichen sich schnell Fehler ein und sie führt dazu unüberlegt zu handeln.

Bewachen und beschützen Sie Ihr Kapital und lassen Sie es wachsen. Halten Sie sich stets vor Augen, dass Sie mit einem Einsatz von 3000 Euro und einem Trade pro Tag mit einem Gewinn von nur 1 Prozent am Ende des Jahre die 3000 Euro in 100.000 Euro verwandelt haben. Übertreiben Sie es nicht. Beim Traden ist es besser, mit drei Gewinnen abzuschließen, auch wenn es vermeintlich gut läuft. Dies ist sicherer. Sie wollen doch am Ende des Tages nicht mit drei Gewinnen und zwei Verlusten abschließen.

Vergessen Sie nie die wichtigen Werkzeuge des Tradens, wie zum Beispiel den Stop loss. Dies hilft Ihnen dabei, Verluste zu minimieren und zu kontrollieren. Nur so können Sie Ihr Kapital schützen und immer mehr Profite erzielen. Bevor Sie zu traden beginnen, lernen Sie alles über die technische Analyse. Diese ist so einfach zu verstehen wie eine Sprache. Machen Sie sich diesen Vorteil zu Nutzen.

Sicher ist jedoch, dass Sie auf Ihrem Weg zur finanziellen Unabhängigkeit mit vielen Aufgaben und Herausforderungen rechnen müssen. Sie sollten diese durchaus erwarten, denn Sie werden kommen. Es wird nicht immer einfach sein. Vielleicht müssen Sie auf einiges verzichten und Ihre bisherigen Ausgaben minimieren. Doch davon sollten Sie sich nicht beirren und aufhalten lassen. Wenn Sie auch unterwegs stolpern, stehen Sie wieder auf und machen Sie weiter. Schließlich geht es darum, dass Sie alleine finanziell Unabhängig werden wollen. Denken Sie immer daran, welch zufriedenes Leben Sie später führen können, wenn Sie keine Angst vor einer Mindestrente und Altersarmut haben müssen.

# VOM RICHTIGEN TRADEN

Die wichtigsten Schritte bevor Sie starten sind, sich mit dem Markt vertraut zu machen. Suchen Sie sich danach eine passende Handelsplattform oder Exchange aus. Erstellen Sie zunächst einen Probeaccount, ein sogenanntes Musterdepot und trainieren Sie so lange, bis Sie sicher sind.

## Wie der Markt funktioniert

Dieses Kapitel ist vor allem für den Kryptomarkt aufgebaut. Jedoch lassen sich viele Parallelen zur Börse ziehen. Egal ob Börse oder Kryptomarkt, jeder Tag ist anders. Auch Sie selbst haben nicht jeden Tag dieselbe Laune. Es gibt Tage, da möchten Sie vielleicht nicht aus dem Bett und wiederum andere Tage, da könnten Sie stundenlang über Wiesen und durch Wälder laufen. Genauso wechselhaft und zum Teil auch launisch sind die Börse und der Kryptomarkt.

Dieses Auf und Ab auf den Märkten lässt sich ganz einfach erklären. Die Kurse entstehen aus Angebot und Nachfrage. Kurstiefs entstehen durch Ängste, Sorgen und Hochs durch Freude und eine gute wirtschaftliche Lage. Schlechte Nachrichten führen zu kollektiven Verkäufen und verursachen einen Abrutsch der Kurse. Daher spricht man hier auch von Markt-Psychologie. Gerade diese vielen Schwankungen bieten Ihnen tolle Möglichkeiten für kurzfristige Trades. Im Gegenteil zur Börse ist der Kryptomarkt besser für kurzfristige Geschäfte geeignet. Ein Trade kann hier in wenigen Minuten, oft sogar in Sekunden von Statten gehen. Sie sehen, entgegen der allgemeinen Meinung muss Traden absolut nicht zeitaufwändig sein. Haben Sie keine Angst, Sie müssen hier nicht 10 Stunden pro Tag vor dem Bildschirm sitzen und Charts und Kurse mit klopfendem Herzen beobachten.

Der Kryptomarkt besteht aus mehr als 2.000 handelbaren Coins und auch an der Börse können Sie mit einer Vielzahl an Produkten handeln. Während Sie an der Krypto-Exchange mit Bitcoin und Altcoins handeln, dreht es sich an der Börse um Aktien, Wertpapiere, Devisen und Warentermine. Zu Beginn sollten Sie sich die einzelnen Möglichkeiten ansehen. Machen Sie sich mit den beliebtesten Aktien vertraut und studieren Sie für Kryptowährungen die Seite Coinmarketcap. Recherchieren Sie dazu im Internet. Suchen Sie nach den beliebtesten Aktien des vergangenen Jahres und lesen Sie nach, welche Aktien sich am besten entwickelt haben. Danach fangen Sie an zu verstehen warum und lernen viel über den Markt.

Es ist wichtig, stets mit dem Trend zu gehen. Sobald ein Uptrend herrscht und Sie sich in einem Bullenmarkt befinden, gehen Sie lang. Bei einem Abwärtstrend und in einem sogenannten Bärenmarkt gehen Sie kurz. Achten Sie hier immer aufmerksam darauf, ob sich der Trend verändert und greifen Sie sofort ein.

Gerade im Bullenmarkt ist es wichtig, billig einzukaufen und teuer zu verkaufen. Kaufen Sie niemals Altcoins oder Aktien, die sich bereits an der Spitze befinden. Während eines Bärenmarktes versuchen Sie, hoch zu verkaufen, den Abwärtstrend abzuwarten und billig einzukaufen. Hier eine verständliche Erklärung. Bemerken Sie einen Abwärtstrend beim Bitcoin, ist es besser, diesen sofort in Euro oder Dollar zu wechseln. Nun gilt es abzuwarten, bis dieser auf seinem Tiefpunkt ist. Nun können Sie den Bitcoin, oder jeden anderen Coin zum billigen Preis wieder retour kaufen und haben somit einen Profit erzielt. Natürlich sollten Sie die Coins niemals billiger verkaufen, als Sie diese selbst eingekauft haben. Der Börsenmarkt und die Exchange funktionieren absolut logisch. Billig einkaufen, teuer verkaufen und profite erzielen. Kurz zusammengefasst ist dies die ganze Hexerei.

## Alles über Hodln

Wir haben im kleinen Krypto ABC diesen Begriff bereits erklärt. Hodln bedeutet, ein Produkt über einen längeren Zeitraum zu halten. Um schnelle und gute Profite zu erzielen ist Hodln jedoch nicht geeignet. Dies sollten Sie wirklich nur in Ausnahmefällen praktizieren. Wenn Sie den perfekten Zeitpunkt für den Verkauf übersehen haben, überprüfen Sie dennoch, ob ein kleiner Verlust zu akzeptieren wäre. Beim Hodln kann es sein, dass Sie vielleicht ein Jahr lang einen Coin halten, weil sich dieser einfach nicht erholen will. Letzten Endes kann es sogar soweit kommen, dass Sie ihn aus Frust extrem billig abgeben. Dadurch wäre der Verlust natürlich viel größer.

Seine Sie sich auch immer bewusst, dass das Handeln mit Kryptowährungen ein höheres Risiko birgt als der Handel mit Aktien an der Börse. Dieser Markt ist mehr von Spekulationen getrieben.

## Die technische Analyse

Bei den sogenannten Candlesticks handelt es sich um die grünen und roten kurzen Striche, welche Sie auf den Charts entdecken können. Diese sind für den Erfolg im Trading äußerst wichtig. Diese geben eine visuelle Auskunft, wie sich das Produkt in einer gewissen Periode entwickelt hat. Hier können Sie die letzten Minuten, Stunden, Tage und Wochen beobachten, vergleichen und Schlüsse daraus ziehen. Die Candlesticks geben Auskunft über den Trend. Grüne Candlesticks sagen aus, dass es am markt zur Zeit mehr Käufer als Verkäufer gibt. Eine Kette an grünen Candlesticks bedeutet, dass der Preis ansteigt. Umgekehrt verrät eine Serie von roten Candlesticks, dass der Preis sinkt und es am markt zur Zeit mehr Verkäufer als Käufer gibt. Es ist immer besser, im grünen Bereich zu verkaufen und im roten Bereich einzukaufen.

Ebenfalls zur technischen Analyse zählt, sich mit dem Volumen zu befassen. Das Volumen sagt aus, welche Menge während einer gewissen Periode gehandelt wurde. Wenn das Verkaufs-Volumen steigt, steigt auch der Preis. Wenn das Verkaufs-Volumen steigt, sinkt der Preis. Dadurch lässt sich ein Trend erkennen, der Möglichkeiten aufzeigt, und das Risiko minimiert. Kaufen Sie niemals Aktien oder Coins ein, die sich bereits eine gewisse Zeit im Aufwärtstrend befinden. Ein Sprichwort unter Tradern lautet: Never catch the green. Das bedeutet, dass der Einkauf bei Produkten mit vielen grünen Candlesticks absolut Tabu ist. Es gibt zahlreiche andere Optionen.

Zur technischen Analyse zählen auch die Trend Linien. Es gibt drei Arten von Trends. Den neutralen, gleichbleibenden Trend, den Uptrend und den Downtrend. Hier sollten Sie immer den aktuellen und kurzfristigen Trend, den langfristig Trend und eine Veränderung im Trend vergleichen. Auch diese Trends geben wieder Auskunft darüber, wann es Zeit ist zu kaufen oder zu verkaufen. Nicht vergessen, Sie wollen immer zu einem hohen Preis verkaufen und zu einem niedrigen Preis einkaufen. Um diese technische Analyse zu verfolgen und auszuwerten, müssen Sie nur die Charts betrachten. Je öfter Sie mit den Charts arbeiten, um so leichter wird es Ihnen auch fallen.

Ein weiteres Werkzeug zur technischen Analyse sind die Support und Resistance Linien. Dabei handelt es sich um die untere Support Linie, welche die tiefsten Punkte verbindet, und die Resistance Linie, welche die Spitzen verbindet. Wichtig ist, dass Sie sich merken, immer bei der Support Linie einzukaufen und bei der Resistance Linie zu verkaufen.

Neben der technischen Analyse und einer Routine ist der Stop Loss ebenfalls ein wichtiges Werkzeug, um hohe Verluste zu vermeiden. Der Stop Loss kann manuell aber auch automatisch aktiviert werden und ist sowohl an der Börse, als auch auf den Exchanges sehr wichtig.

## Fazit zum Thema Trading

Vergessen Sie nie, dass Sie beim Traden natürlich wunderbare Gewinner erzielen können, aber auch genauso gut verlieren können. Halten Sie immer die Orderarten Limit und Stop Loss aktiv. Halten Sie sich stets an Ihre selbst gesetzten Limits und Grenzen. Werden Sie niemals gierig und warten Sie nicht auf noch höher steigende Kurse. Wenn Sie zu einem guten Gewinnprozentsatz verkaufen können, verkaufen Sie. Akzeptieren Sie einen Verlust und versuchen Sie diesen nicht auf biegen und brechen wieder hereinzuholen. Mit etwas

Erfahrung werden Sie garantiert auch auf dem Parkett der Börse und des Kryptomarktes gute Profite erzielen.

# FINANZIELLE UNABHÄNGIGKEIT - MUSTERBEISPIELE

In diesem Kapitel wollen wir Ihnen unterschiedliche Modelle für Finanzierungen, Sparpläne und finanzielle Unabhängigkeit aufführen. Dabei sind die jeweiligen Protagonisten unterschiedlichen Alters und Herkunft. Garantiert finden Sie sich in dem ein oder anderen Modell wieder und können sich so wertvolle Tipps herauspicken.

## Das 18-jährige Mädchen, das noch bei den Eltern lebt

Diese Modellperson steht bereits im Berufsleben, befindet sich jedoch noch ziemlich weit unten auf der Karriereleiter. Da sie jedoch noch bei den Eltern lebt, muss sie für Miete und Lebenserhaltungskosten nicht selbst aufkommen. Ihr ganzes Geld kann sie für Dinge des persönlichen Bedarfs ausgeben. Und es ist auch wirklich so, dass dennoch am Ende des Monats kaum Geld übrig bleibt. Dies ist der große Fehler, den viele junge Mädchen machen. In einer Zeit, in der sie viel Geld zur Seite legen könnten, wird dieses meist ohne groß nachzudenken sinnlos verbraten. Hier gilt es, endlich aufzuwachen. Egal ob Sie selbst zu dieser Kategorie zählen, oder Ihre Tochter so oder ähnlich lebt - es gilt nun die Situation zu erkennen und zu verbessern.

Was könnte diese Modellperson nun besser machen? Zuerst ist es wichtig, dass ein Haushaltsplan erstellt wird. Nur so kann das junge Mädchen sehen, wofür sie Monat für Monat ihr hart erarbeitetes Geld ausgibt, ohne auch nur einen Cent für die Zukunft zu sparen. Anhand des Haushaltsbuchs können nun Einsparungen unternommen werden. Es wäre nun fatal, sofort eine Versicherung oder einen Fond anzulegen. Zuerst sollte über einen gewissen Zeitraum ein Sparplan eingehalten werden. Es bringt die beste Lebensversicherung oder Rentenversicherung nichts, wenn schon nach drei Monaten die Beiträge nicht mehr bezahlt werden können. Dennoch sollte konsequent ein stets gleichbleibender Betrag zur Seite gelegt werden. Am besten jener, der auch zukünftig für eine Rentenversicherung benötigt werden würde. Dieses Geld wird nun monatlich auf ein Tagesgeldkonto geparkt. Nach etwa sechs Monaten kann sich das junge Mädchen nach einer tollen Rentenversicherung umsehen. Das Geld auf dem Tagesgeldkonto kann nun in Aktien oder Fonds angelegt werden. Hier ist es wichtig, sich einen Polster für die Zukunft zu schaffen. Dazu gehört Geld für die erste eigene Wohnung, das eigene Auto oder den ein oder anderen Urlaub. Junge Menschen tappen leider heutzutage immer schneller in die Schuldenfalle, da es nicht schwer ist, das Konto zu überziehen oder einen Kredit zu erhalten. Wer jedoch bereits in jungen Tagen mit dem Sparen und der Vorsorge beginnt, der kann sich Schulden und Zinsen dafür ersparen und gelangt schnell in die finanzielle Unabhängigkeit. Natürlich ist es bequem, wenn sich die Eltern um alles kümmern, doch noch schöner ist es, die eigenen Finanzen selbst in der Hand zu haben.

Vor allem ist es wichtig, dass Sie sich in jedem Alter Ziele setzen und wissen, wofür Sie sparen.

**Berufstätige junge Frau mit eigener kleinen Wohnung**

Diese junge Frau hat bereits einen festen Lebenspartner und sie planen, in naher Zukunft zusammenzuziehen. Auch hier ist es wichtig, dass die täglichen und monatlichen Ausgaben konsequent aufgelistet werden. Nur so können sich später beide sicher sein, eine Wohnung zu finden, die dem gemeinsamen finanziellen Rahmen entspricht. Bevor die junge Frau jedoch mit ihrem Partner einen gemeinsamen Haushalt bezieht, sollte Sie ihre Finanzen sortieren. Hier empfehlen sich langfristige Sparfonds und zusätzliche Sparmaßnahmen auf einem Festgeldkonto oder Investitionen an der Börse. Dies ist besonders wichtig, da die junge Frau so nie in eine finanzielle Abhängigkeit gerät. Egal wie die Zukunft dann auch aussehen mag, ob die Beziehung hält oder nicht, die junge Frau ist immer abgesichert. Gerade in jungem Alter ist es wichtig, mit einer Lohnerhöhung einen Teil des zusätzlichen Geldes wiederum anzulegen. Eine private Rentenversicherung ist immer eine schlaue Idee. Je breiter die Anlagen bereits in jungen Jahren gefächert sind, desto positiver können sich die Erträge entwickeln. Ratsam ist es auch, von Anfang an immer auf getrennte Konten zu plädieren. Dies bedeutet nicht, dass Sie Ihrem Partner nicht vertrauen oder geizig sind. Es ist lediglich Ihre eigene Absicherung für Ihre finanzielle Unabhängigkeit.

### Hausfrau und Mutter

Diese Frau in mittlerem Alter hat nach der Hochzeit aufgehört zu arbeiten und sich ausschließlich um den Ehemann, das Haus und später die Kinder gekümmert. Wie es meist in diesen Familien ist, wird zwar für eine gemeinsame Zukunft gespart. Eine individuelle Vorsorge für die Frau besteht jedoch nicht. Man geht davon aus, auch in Zukunft vom gemeinsamen Vermögen gut leben zu können. Hier sollte sich jede Frau auf die Füße stellen und auch auf eine eigene private Vorsorge bestehen. Denn niemand weiß, was die Zukunft bringt. Für eine Hausfrau und Mutter ist es ratsam, zuerst Geld einzusparen. Auch hier ist ein gut geführtes Haushaltsbuch wieder die beste Grundlage. Für viele Frauen ist es nicht einfach, über diese Wünsche mit dem Ehemann zu sprechen. In vielen Fällen kann sich die Hausfrau und Mutter nur heimlich eine eigene finanzielle Existenz aufbauen. Männer argumentieren gerne mit "Wir haben doch alles und sind bestens abgesichert". Also knipst und knapst Frau nun regelmäßige Beträge vom Haushaltsgeld ab. Durch Vergleiche beim Einkaufen und dem Nutzen von Sonderaktionen lassen sich pro Woche 10 bis 20 Euro einsparen. Diese sollten sofort auf ein Tagesgeldkonto gepackt werden. Wenn sich das Kapital vergrößert hat kann damit begonnen werden, etwa 20 Prozent davon zu investieren. Frau kann in Fonds investieren, oder auch an der Börse handeln. Wichtig ist hier, dass wirklich nur 20 Prozent des Ersparten verwendet werden. Auch die Gewinne sollten sofort wieder separat in eine Sparform fließen. So kann kontinuierlich ein guter Polster für den Fall der Fälle angelegt werden. Hat sich das Kapital soweit vergrößert, dass in einen privaten Rentenfond investiert werden kann, ist die ebenfalls eine empfehlenswerte Idee.

### Frau in den 50-ern, geschieden und alleinstehend

Hier können sich die finanziellen Auswirkungen einer bisherigen Abhängigkeit drastisch auswirken. Diese Zielgruppe hat bisher vielleicht behütet gelebt und sich niemals Gedanken um das liebe Geld gemacht. Nach einer Scheidung kann dies plötzlich ganz anders aussehen. Im besten Fall muss der Ex-

Partner Unterhalt bezahlen. Von diesem Unterhalt ist es ein Muss, einen gewissen Prozentsatz, am besten 10 bis 20 Prozent anzusparen. In diesem Alter, so traurig es klingt, ist es meist teuer, eine reguläre private Rentenversicherung abzuschließen. Hier sollten sämtliche Angebote gut verglichen werden und mögliche Optionen herausgefiltert werden. Doch auch in diesem Alter ist es nicht zu spät, noch über Börse, Aktien und andere Anlageformen zu lernen. Ein finanzielles Polster in diesem Alter entscheidet auch darüber, ob Frau ihren Ruhestand genießen kann, oder sich noch mit 65 Jahren mit knochenharten Putz-Jobs über Wasser halten muss.

## Was wir unseren Kindern lernen sollten

Ohne jemandem einen Vorwurf machen zu wollen, liegt die Wurzel des Übels meist in der Erziehung. Viele haben es einfach nicht gelernt, wie man mit Geld umgehen soll. Sei es aus einer Generation heraus, die der Annahme ist, Finanzen sind reine Männersache oder durch ein zu behütetes Leben.

Vor allem Mädchen sollten früh lernen, mit dem eigenen Geld zu haushalten und zu wirtschaften. Sie werden sich jetzt denken, das ist ein sehr sexistischer Ansatz, doch die Realität zeigt, dass vor allem Frauen später in die Altersarmut rutschen. Der Grund dafür liegt zum größten Teil im unfair konstruierten Lohnniveau. Frauen verdienen immer noch weniger als Männer. Zudem kommt bei vielen Frauen die Elternzeit hinzu, die ebenfalls eine Lücke in die Rentenvorsorge reißt.

Sprechen Sie also mit Ihren Töchtern über die Wichtigkeit der finanziellen Freiheit. Zeigen Sie ihnen auf, wie schwierig es sein kann, wenn man das ganze Leben auf den Mann angewiesen ist und vielleicht am Ende vor den Trümmern steht. Unterstützen Sie Ihre Töchter bei dieser Art der Emanzipation und ermutigen Sie sie, sich für Finanzen zu interessieren. Je früher Frau mit dieser Materie in Kontakt kommt, um so einfacher ist es auch. Frauen sollten genauso selbstverständlich über Aktien und Anlageformen bescheid wissen.

## Welche Vorteile hat eine finanzielle Unabhängigkeit?

Der wichtigste Punkt ist natürlich die schon häufig erwähnte Altersarmut. Niemand sollte Angst vor der Zukunft haben. Es ist doch tragisch, wenn nach dem harten Arbeitsleben die Rente nicht in Ruhe genossen werden kann. Warum müssen so viele Rentnerinnen in kleine Wohnungen umziehen? Nicht, weil sie sich in der großen Wohnung plötzlich nicht mehr wohl fühlen, in der sie die schönsten Jahre ihres Lebens verbracht hat. Der Grund ist auch hier das liebe Geld, das plötzlich nicht mehr reicht. Und wenn nicht mehr genügend Geld für die Miete vorhanden ist, dann ist der letzte Ausweg nur mehr ein Umzug.

Natürlich kann ein Umzug auch viele positive Aspekte mit sich bringen. Geringere Mieten und weniger Räume, die sauber gehalten werden müssen sind sicher auch ein Aspekt. Auf jeden Fall ist es so, dass Frau dies aus eigenen Stücken entscheiden sollte und nicht von einer finanziellen Notlage heraus dazu gezwungen wird.

Die finanzielle Unabhängigkeit erlaubt es Ihnen auch, die Freizeit nach Ihren Wünschen zu gestalten. Frau soll sich

Hobbies und schöne Abende mit Freunden leisten können und nicht den Penny dreimal umdrehen müssen. Ziel ist es auch, genügend Geld für schöne Urlaube und entspannende Wellness-Wochenenden zu haben.

Das wichtigste ist aber, dass Sie sich durch eine finanzielle Unabhängigkeit nicht mehr länger Sorgen machen müssen. Garantiert kennen Sie das Gefühl, wenn abends die Gedanken Kreisen und sich nur um das nicht vorhandene Geld drehen. Zu viele Sorgen können auch krank machen. Wer sich also früh genug, nämlich jetzt, Gedanken um die eigenen finanzielle Vorsorge macht, der lebt auf jeden Fall angenehmer und vielleicht auch gesünder.

# DAS GELD SELBST INVESTIEREN, ODER EINEM PROFI VERTRAUEN?

Generell sollten Sie gleich zu Beginn überlegen, ob Sie sich erneut in eine Abhängigkeit begeben möchten. Sie sollten wissen, dass ein enormer Anteil Ihres ersparten und investierten Geldes in die Taschen dieser sogenannten Profis wandert. Über die Jahre können das mehrere Tausend Euro sein. Ja Sie haben richtig gelesen es sind nicht 20 oder 30 Euro, auch nicht 300 Euro sondern tatsächlich viele Tausend Euro, die Sie zwar einbezahlt haben, die jedoch nicht Ihrer eigenen finanziellen Unabhängigkeit zugute kommen. Damit fährt der Finanzberater jährlich in die Karibik und finanziert sich seinen neuen Sportwagen. Geben Sie Ihr Geld also nicht in fremde Hände. Alles, was diese Finanzberater anbieten, können Sie auch auf eigene Faust erhalten. Gerade in der Zeit der Digitalisierung, wo alles im Internet zu finden und zu vergleichen ist, sind Vermögensberater mehr oder weniger überflüssig geworden. Denken Sie immer daran, dass Geld wichtig für Ihr Leben und Ihre Zukunft ist und Geld ein wichtiger Bestandteil des Lebens ist. Sie vertrauen bei Erziehungsfragen, Einrichtungsfragen oder Modefragen auch Ihrem eigenen Gefühl und Ihrem Wissen. Warum sollten Sie dann bei so etwas Wichtigem wie Ihre eigene finanzielle Freiheit einem Fremden vertrauen, der ganz offensichtlich auch daran mit verdient. Das Mitverdienen eines Finanzberaters ist auch legitim. Schließlich und endlich ist es sein Beruf und auch er muss seine Familie ernähren. Nur Sie können entscheiden, ob Sie bei diesem Spiel mitmachen, oder ob Sie Ihre finanzielle Freiheit einzig und alleine selbst gestalten. Ein Finanzberater ist und bleibt ein Verkäufer, der von den Privisionen lebt, die Sie bezahlen müssen.

## Die Schritte zur finanziellen Unabhängigkeit

Fangen Sie an, sich für Finanzen zu interessieren. Haben Sie keine Angst davor, Verantwortung zu übernehmen. Egal ob Sie jung oder älter sind, in einer Partnerschaft stecken oder alleine leben - lassen Sie zu und erkennen Sie, dass Geld eine wichtige Rolle in unser aller Leben spielt. Auch wenn immer behauptet wird, Geld sei nicht wichtig, das Gegenteil ist der Fall. Ohne Geld geht nichts. Ohne einen finanziellen Polster können Sie sich nichts zusätzlich leisten, müssen Angst vor der Zukunft haben, und viele können es sich nicht einmal leisten krank zu werden. Darum fangen Sie jetzt an, checken Sie Ihre finanzielle Lage und finden Sie den für sich besten Weg, das Geld anzulegen und zu vermehren.

Vor allem sollten Sie Geld positiv sehen. Geld ist nicht das notwendige Übel, sonder ein Produkt, welches das leben verschönern kann. Interessieren Sie sich dafür woher das Geld kommt und wohin es geht. Bauen Sie eine Beziehung zu Geld auf. Sie wissen wahrscheinlich, wieviel Sie verdienen. Doch sollten Sie genau auflisten, wohin das Geld wandert. Vergessen Sie nicht, dass das Haushaltsbuch ein wichtiger Bestandteil des finanziellen Fundaments ist. Durch ein gut geführtes Haushaltsbuch bringen Sie Ordnung in die Finanzen, erhalten Überblick und finden auch schnell die Löcher, in welchen das Geld sinnlos versickert.

Lassen Sie nie Ihr Ziel aus den Augen. Sie haben sich doch aus einem ganz speziellen Grund dafür entschieden, finanziell unabhängig und frei zu werden. Genau dieses Ziel gilt es, fest zu fokussieren. Genau nach diesen Zielen richtet sich auch die Möglichkeit das Geld anzulegen. Ob sparen für den nächsten Urlaub, für ein kleines eigenes Haus, für eine sichere Rente und Notfälle, jedes Ziel können Sie mit einem unterschiedlichen Finanzplan verfolgen.

Natürlich haben Sie mit dem lesen dieses Ratgebers schon einen großen Schritt in die richtige Richtung übernommen. Doch der Weg endet hier nicht, sondern beginnt erst. Das bedeutet, dass Sie sich weiterbilden müssen. Lesen Sie Blogs und Bücher zu diesem Thema. Sie können auch nach Seminaren suchen, welche explizit auf die Bedürfnisse von Frauen ausgerichtet sind. Der Finanzmarkt verändert sich ständig. Zudem können Sie immer wieder neue Aspekte und Ideen sammeln. Vor allem aber werden Sie sehen, dass Sie nicht alleine dastehen.

## Von den Möglichkeiten zusätzlich Geld zu verdienen

Zu Beginn des Ratgebers haben wir schon davon gesprochen, dass es nicht immer einfach ist, Geld zu sparen. Gerade bei niedrigen Einkommen ist es nahezu unmöglich 10 Prozent davon für später zur Seite zu legen. Hier könnten Sie nun resignieren und sagen:"Okay, dann muss ich mich mit der Altersarmut arrangieren" - oder aber Sie suchen nach zusätzlichen Einnahmequellen.

Diese zusätzlichen kleinen Jobs können Dienste wie Babysitting, Haustier-Sitting oder die Urlaubsaufsicht für eine

Wohnung oder ein Haus sein. Hier finden Sie regional im Internet oder in den Kleinanzeigen häufig Annoncen. Seien Sie nicht scheu. Diese zusätzliche Arbeit muss nicht belastend sein, sondern kann auch durchaus Spaß machen. Vor allem, wenn Sie Ihr großes persönliches Ziel vor Augen haben. Wenn Sie jetzt sagen, dafür sind Sie zu alt, müssen wir ganz konsequent widersprechen. Sie können wunderbare Stunden als Leihoma verbringen oder tolle Stunden an der frischen Luft mit dem Dackel des Nachbarns verbringen. Für jedes Alter gibt es genügend Möglichkeiten. Sie müssen sich nur aufraffen und auch aktiv danach suchen.

Wenn Sie zum Beispiel eine große Wohnung haben, können Sie diese auch auf Airbnb oder ähnlichen Plattformen anbieten. Erkundigen Sie sich jedoch im Vorfeld über die rechtlichen Richtlinien, die von Stadt zu Stadt verschieden sind. Ein Zimmer untervermieten bedeutet nicht nur zusätzliche Einnahmen. So können Sie auch viele interessante Menschen kennenlernen und sich austauschen.

Zudem gibt es online viele Möglichkeiten, Zusatzeinkommen zu generieren. Ob als Verfasserin von Blogs, Artikel oder als Bürokraft von Zuhause aus, auch hier bieten sich unzählige Möglichkeiten. Sie müssen es nur anpacken und danach greifen. Wenn Sie jedoch absolut nichts Passendes finden, dann sollten Sie sich zumindest dazu aufraffen, um eine Gehaltserhöhung zu bitten. Im nächsten Kapitel wollen wir auch darauf näher eingehen.

Haben Sie ein Zusatzeinkommen gefunden, heißt es wieder konsequent sein. Natürlich ist es fein, mehr Geld zur Verfügung zu haben. Besinnen Sie sich jedoch darauf, warum Sie diese zusätzliche Arbeit angenommen haben. Genau, Sie wollten das Geld für Investitionen und Anlagen nutzen. Auf lange Sicht bringt eine Anlage in Aktien garantiert mehr als in die neue Handtasche eines angesagten Designers.

## Gehaltserhöhung - aber wie?

Es darf und muss Ihnen nicht peinlich sein, um eine Gehaltserhöhung zu bitten. Sie haben es sich verdient und sollten sich dessen auch bewusst sein. Haben Sie keine Angst davor. Sie haben sich jahrelang für die Firma aufgeopfert, Weiterbildungen absolviert und sind fleißig. Daher steht auch Ihnen eine Gehaltserhöhung zu. Nur, kein Chef, oder die wenigsten, werden diese von sich aus anbieten. Also nehmen Sie sich ein Herz und bitten Sie darum. Dabei sollten Sie sich jedoch nicht als Bittstellerin fühlen, sondern klar und deutlich Ihre Forderungen vorbringen.

Mit dieser Bitte zeigen Sie Selbstbewusstsein. Natürlich sollten Sie niemals unvorbereitet in eine Gehaltsverhandlung gehen. Bereiten Sie sich gut darauf vor, denn schließlich und endlich ist Ihre finanzielle Zukunft davon anhängig. Diese Vorbereitung kann auch ruhig etwas länger dauern.

Notieren Sie sich, was Sie für die Firma besonders gut erledigen. Welche Zusatzaufgaben haben Sie mit den Jahren automatisch übernommen und wodurch heben Sie sich von den anderen Mitarbeitern ab? Machen Sie den Chef darauf aufmerksam, dass Sie stets Vertretungen übernommen haben und auch bereit für Überstunden sind. Falls Sie an Fortbildungen und Seminaren teilgenommen haben, müssen Sie dies auch unbedingt notieren und später erwähnen.

Zu den weiteren Vorbereitungen zählt die Analyse des Marktes. Das bedeutet, Sie sollten recherchieren, wie viel in anderen vergleichbaren Firmen bezahlt wird. Vor allem aber sollten Sie anführen, wie viel ein männlicher Mitarbeiter verdient, der dieselben Aufgaben wie Sie hat. Diese Marktanalyse ist auch wichtig, damit Sie keine unverschämten und utopischen Gehaltsforderungen anstellen.

Bereiten Sie sich darauf vor, argumentieren zu können. Zeigen Sie Ihre Fähigkeiten, ohne jedoch zu übertreiben. Argumentieren Sie stets ruhig und freundlich. Erinnern Sie den Chef ruhig daran, in welchen Situationen er selbst oder Ihre Kunden ein besonderes Lob ausgesprochen haben. Weisen Sie den Chef auf die gewachsene Verantwortung hin, die Sie selbstverständlich übernommen haben.

Ein absolutes No-go ist es jedoch, dem Boss zu drohen. Es ist nicht schlau eine eventuelle Kündigung in den Raum zu stellen. Kein Chef der Welt lässt sich gerne erpressen. Zudem sollten Sie vernünftige Argumente für den Wunsch nach mehr Geld vorbringen. Kehren Sie hierbei jedoch nicht den materiellen Wunsch in den Vordergrund, sondern dass Sie einfach für Ihre Leistungen fair entlohnt werden möchten. Eine Gehaltsverhandlung hat viel mit Psychologie zu tun.

Weisen Sie Ihren Chef darauf hin, wie viel Geld die Firma durch Sie eingespart hat. Das kann eine zusätzliche Kundengewinnung sein, aber auch das Finden eines hochwertigen und günstigen Zulieferers. Sprechen Sie über die Zusätzlichen Aufträge, die dank Ihrer Kompetenz an Land gezogen wurden. Zeigen Sie sich selbstbewusst und freundlich. Halten Sie stets noch ein wichtiges Argument parat. Gut vorbereitet können Sie mit einem guten Gewissen in jede Gehaltsverhandlung gehen.

# FAZIT

Nun haben Sie gelesen, warum es gerade für Frauen so wichtig ist, die eigenen Finanzen in die Hand zu nehmen. Wir haben Sie in diesem Ratgeber angeregt nachzudenken, was finanzielle Freiheit bedeutet und warum Sie in der heutigen Zeit doppelt wichtig ist. Sie haben viel Wissenswertes über die verschiedensten Anlagemöglichkeiten erfahren und einen guten Einblick in die Welt der Börse erhalten. Wir haben Fachbegriffe rund um den Börsenhandel und den Kryptomarkt erklärt und über die Vorteile und Risiken aufgeklärt. Sie wissen nun, wie Sie mit Aktien und virtuellen Währungen handeln können und worauf es dabei ankommt. Zudem haben wir die gesamte Materie von der Pieke an aufgeschlüsselt. Sie haben nun einige Varianten für Wege und Methoden gefunden, wie Sie überhaupt zu Geld kommen können, bevor Sie dieses vermehren. Wir haben über Selbstbewusstsein und Gehaltsverhandlungen gesprochen und hoffen, dass wir Ihnen so viel Gutes mit auf den Weg geben können. Wir wünschen Ihnen viel Spaß und von herzen viel Erfolg auf Ihrem neuen Weg zur finanziellen Unabhängigkeit. Bleiben Sie konsequent und standhaft und verlieren Sie nie Ihr Ziel aus den Augen.

# Weitere Bücher von Cherry Finance

**Hinweis**: Alle hier gezeigten Bücher können Sie auf www.cherryfinance.de kostenfrei Probelesen!

Alles zum Thema Aktien und Depotverwaltung auf über 200 Seiten.

https://amzn.to/2RLkAai

Lernen Sie Daytrading und die Basics der Chartanalyse.

https://amzn.to/2RoSIJK

Auf 437 Seiten alles zum Thema Exchange Trade Funds oder kurz ETFs erlernen und anwenden.

https://amzn.to/2RGRGYY

Wie beeinflussen Psychologische Faktoren die Kurse? Alles zu Trading Psychologie auf 497 Seiten.

https://amzn.to/2Rnfj9q

Das Cherry Finance Profi-Werk zum Thema technische Analyse der Charts.

https://amzn.to/2TOskFX

# Über die Autorin

Die Autorin und Finanzexpertin Andrea Trimmbacher hat sich bereits in ihrer Schulzeit für alles interessiert, das sich um das spannende Thema Finanzen dreht. Bereits mit 13 Jahren verfolgte sie bereits regelmäßig das Geschehen an der Börse und beschäftigte sich schon früh mit diversen Anlagestrategien. Das große Interesse an dem Geschehen in der Finanzwelt, hat Frau Trimmbacher dazu motiviert, eine Ausbildung zur Bankkauffrau zu beginnen, die sie erfolgreich abgeschlossen hat.

Nach der Ausbildung arbeitete Frau Trimmbacher für eine mittelständische Privatbank, entschloss sich jedoch nach dreieinhalb Jahren dazu, ihr Wissen noch weiter zu vertiefen und begann das Bachelor Studium Finanzmanagement.

Nach erfolgreichem Abschluss des Bachelor Studiums mit der Note 1,3 entschied sich unsere Autorin dazu, sich bei einem der größten Beratungsunternehmen zu bewerben. Sie setze sich gegen zahlreiche weitere Bewerber durch und erhielt schließlich die Stelle als Consultant. Nun war Frau Trimmbacher eigentlich dort angekommen, wo sie ursprünglich hin wollte, nämlich in die Beratungsbranche. Nichtsdestotrotz, fällte sie die Entscheidung, noch tiefer in die Welt der Finanzen einzutauchen und informierte sich über Master Studiengänge. Die Wahl fiel auf das Master Studium Finanzmanagement.

Auch das Master Studium beendete Frau Trimmbacher mit Bravour und wurde in dieser Zeit darauf aufmerksam, dass Frauen auch in der Finanzwelt das Nachsehen haben. Aus eigener Erfahrung, am Beispiel ihrer Eltern, die sich getrennt hatten, konnte Trimmbacher feststellen, dass ihre Mutter keinerlei Vermögen aufgebaut hatte, ganz im Gegenteil zum Vater. Die Ungerechtigkeit machte unserer Autorin zu schaffen. Frau Trimmbacher machte sich also daran, herauszufinden, wie auch Frauen nachhaltig Vermögen aufbauen können, ohne Männer als Altersvorsorge oder auch Altersversorger in Betracht zu ziehen. Ihrer Mutter half Frau Trimmbacher durch ein paar einfache Tipps und Tricks, Geld zu sparen, dass sie dann anschließend gewinnbringend anlegen konnte. Dank der Expertise und den Erfahrungen Trimmbachers, konnte ihre Mutter langsam aber stetig Vermögen aufbauen und zählt heute nicht mehr zu der traurigen Statistik der 18 % von Altersarmut betroffenen Rentnern. In Ihrem Werk „Geld Marie“ geht Trimmbacher auf die Probleme ein, mit denen sich viele Frauen auch noch heute konfrontiert sehen. Wie kann überhaupt Geld gespart werden? Wie sollte es gewinnbringend und bei gleichzeitig möglichst geringem Risiko investiert beziehungsweise angelegt werden? All diese Fragen sind zwar nicht nur für Frauen von großer Relevanz, dass weiß auch Frau Trimmbacher, vor dem Hintergrund der Männer dominierten Finanzwelt allerdings, wird es immer wichtiger, dass Frauen nicht den Anschluss verlieren.

Heute arbeitet Frau Trimmbacher als selbstständige Unternehmensberaterin und kümmert sich um sämtliche Anliegen, die Finanzen betreffen. Frau Trimmbacher hat bereits namhafte Unternehmen beraten. In ihrer Freizeit ist sie als Autorin tätig und fühlt sich dazu berufen, ihr Wissen über die Finanzmärkte und allgemein über das Geschehen in der

Welt der Finanzen, an andere weiterzugeben. Aus Erfahrung weiß die Autorin, dass Anleger, ob es nun Frauen oder Männer sind, häufig dieselben Fehler immer und immer wieder wiederholen. Mit einfach und zugleich verständlich geschriebenen Büchern, die sich auch mit den aktuell besonders gefragten Finanzprodukten wie beispielsweise den Exchange Traded Funds (ETFs) oder dem Daytrading beziehungsweise Forex Handel beschäftigen, stellt sie sicher, dass die Inhalte nicht unnötig verkompliziert werden und für jedermann verständlich sind.

**Hinweis:**

Auf **www.cherryfinance.de** finden Sie kostenfreie Bonusinhalte zum Thema Geldanlage und Vermögensaufbau sowie all unsere Bücher zum Probelesen.